高等院校通识教育
新形态系列教材

大学美育

·微课版·

邱璟 魏嘉明 吴雨萱 唐雯◎主编
刘琼华 黄伊航◎副主编

人民邮电出版社
北京

图书在版编目（CIP）数据

大学美育 : 微课版 / 邱璟等主编. -- 北京 : 人民邮电出版社, 2024. 10. -- (高等院校通识教育新形态系列教材). -- ISBN 978-7-115-64605-7

Ⅰ. G40-014

中国国家版本馆 CIP 数据核字第 2024KJ5481 号

内 容 提 要

本书从满足我国高等院校美学教育的新趋势和新需要、培养大学生审美意识和审美方法的角度出发，结合案例介绍了提高大学生美学素养的一般性理论与方法。本书共 10 章，主要包括美之历程、大学美育、书法之美、音乐之美、绘画之美、舞蹈之美、设计之美、戏剧之美、影视之美、审美与创造美。本书结构清晰，图文并茂，符合美学初学者的认知逻辑；通过理论知识与实例相结合的形式培养大学生的艺术欣赏能力，帮助大学生树立正确的审美观念。

本书可作为高等院校各专业“大学美育”课程的教材，也可供美育爱好者自学使用。

◆ 主　　编　邱　璟　魏嘉明　吴雨萱　唐　雯
副 主 编　刘琼华　黄伊航
责任编辑　古显义
责任印制　胡　南

◆ 人民邮电出版社出版发行　　北京市丰台区成寿寺路 11 号
邮编　100164　　电子邮件　315@ptpress.com.cn
网址　https://www.ptpress.com.cn
固安县铭成印刷有限公司印刷

◆ 开本：787×1092　1/16
印张：10.5　　2024 年 10 月第 1 版
字数：259 千字　　2024 年 10 月河北第 1 次印刷

定价：49.80 元

读者服务热线：(010)81055256　印装质量热线：(010)81055316
反盗版热线：(010)81055315
广告经营许可证：京东市监广登字 20170147 号

编委会

主　编：邱　璟　魏嘉明　吴雨萱　唐　雯

副主编：刘琼华　黄伊航

编　委（排名不分先后）：魏光辉　赵金萍　汤　琼　范雨婷　蔡志静
江雁飞　周方兴　胡　颖　宋志豪　刘　磊
梁　辉　程嘉威

前言

美育是培养我们的审美能力和艺术素养的教育。2500多年以前，孔子就已提出：“志于道，据于德，依于仁，游于艺”和“兴于诗，立于礼，成于乐”的美育思想。这种思想的不断发展与汇聚，让中华民族的艺术长河波澜壮阔、源远流长。

党的二十大报告指出：“全面贯彻党的教育方针，落实立德树人根本任务，培养德智体美劳全面发展的社会主义建设者和接班人。”当前，美育在教育中的重要性日益突显。全面推进美育课程及教材建设、加强和改进美育工作已成为高等院校必要且紧迫的任务。

本书凝结了编者团队多年的美育工作经验，是编者在人才培养、教学改革以及素质教育建设方面取得创新成果的体现。团队成员深入挖掘课程中的素质教育元素，将素质教育与审美教育有机结合起来，让学生在提高审美水平的同时，也能增强思想素质，从而更好地适应时代的发展。

本书根据高等教育人才培养目标和大学生的审美特点进行编写，力求突出以下特点。

1. 注重思想引领

本书在编写过程中坚持贯彻落实党的二十大精神。本书内容符合中共中央办公厅、国务院办公厅《关于全面加强和改进新时代学校美育工作的意见》和教育部《关于推进学校艺术教育发展的若干意见》等文件精神的要求。本书在讲授基本知识的同时，还能引导读者塑造正确的世界观、人生观、价值观。

2. 编排体例新颖

本书除基本理论内容之外，还包含名人名言、学习目标、探索美和思享汇等模块。本书一方面通过生动形象的案例使读者深刻领悟美育的魅力，另一方面通过精心设计的课堂思考使读者深入了解生活中的美之所在。

3. 多媒体资源丰富

本书含有丰富的多媒体资源，读者可以扫码学习配套的微课视频等资源，从而进行更加全面的学习。

由于编者水平有限，书中难免存在不足之处，敬请各位读者朋友、专家学者和图书使用单位提出宝贵的意见和建议，以便我们在重印和再版中更好地改进。

编　者

2024年5月

目录

01

02

03

第一章 诗意的栖居：美之历程

【名人名言】

美是到处都有的。对于我们的眼睛，不是缺少美，而是缺少发现。

——罗丹

【学习目标】

1. 了解美的定义，体会美的内涵。

2. 了解西方美学研究的基本发展脉络，掌握我国美学研究的重要发展脉络。

3. 了解马克思主义视角的美学观点。

第一节　美之觉醒

什么是“美”？如何研究“美”？不同的人似乎有不同的答案。

美之种类，何下千万！美其实是需要发现和体验的，美主要与视觉方面的快乐有关。根据一般的认知，可以把“美”分为美景、美文、美乐、美画、美事、美食、美服等类别。

美景，花晨月夕。星辰之美、大海之美、山川壮丽，百花争艳，秋云如絮，月影婆娑……是天地之美。

美文，纸若云烟。王勃的《滕王阁序》中，“潦水尽而寒潭清，烟光凝而暮山紫”“落霞与孤鹜齐飞，秋水共长天一色”“渔舟唱晚，响穷彭蠡之滨；雁阵惊寒，声断衡阳之浦”，意境与辞藻华美异常，节奏分明，朗朗上口，顺畅通达。

美乐，余音绕梁。音乐之美在于其声音美，或甜美或豪放，余音不绝，绕梁三日。音乐之美还美在节奏，或激越或舒缓，或高亢或委婉，总能让听者情绪得到宣泄与抚慰，心灵受到震撼与激励。

美画，着手成春。当我们伫立在一幅名画前，我们的感觉或是厚重雄浑，或是明快清爽；或是深邃辽远，或是飘逸自在……

美事，吉祥止止。我国传统文化中概括人生有四大美事：金榜题名时、洞房花烛夜、他乡遇故知、久旱逢甘霖。人一生都希望心想事成，喜事不断，好事成真。

美食、美服，最本真的美。老子说：“甘其食，美其服”。美食、美服并不只包括山珍海味、绫罗绸缎，粗茶淡饭也是美食，朴素的衣衫也是美服。

一、美的定义

美体现在我们认识世界和改造世界的过程中。人类创造美，既创造了美好的事物，也创造了美好的境界，它给人类社会的文明发展带来了双重收获：一方面美化着世界的主体——人类自身，使人的身心和整个世界处于和谐统一的美好境界；另一方面美化着整个外部世界，使其按照人类的美好意志向前发展。

美是一种玄妙而不可思议，灵动却无法规范，奥妙又难以言说的东西。因此历来关于美的定义和美的描述数不胜数，关于美的争辩从未休止。

以下从四个方面对美的定义展开解释。

（一）从字源学看

“美”这个字首先可做字（词）源学的探究，从字源学看，东汉许慎的《说文解字》采用“羊大则美”的说法，认为羊长得很肥、很大就美。这表明，美与感性并存，即美与满足人的感性需求和享受（好吃）之间有直接关联。还有一个观点是“羊人为美”，从原始社会文化图腾中的舞蹈来看，人戴着羊头起舞才是美字的起源，“美”字与“舞”字最早是同一个字。这说明美和人类最初的礼仪行为密切相关，有一定的社会意义。

从“羊大则美”与“羊人为美”可以看出：一方面，美是一种物质的感性存在，它直接关系到人们的感性需要、享受和感官；另一方面，美具有社会意义和内容，它与人的群体性和理性相联系。这两种对“美”字起源的解释有一个共同点，即美的存在离不开人。

（二）从古今语言看

在古代，“美”和“善”往往是同一个意思。《说文解字》在解说美“从羊从大”后，接着便说，“美与善同意”。在古希腊，美和善也是一个意思。在今天的日常语言中，美至少可以分为三种类型。

第一种，它是表示感官愉快的强形式。即用强烈形式表达出来的感官愉快，也可以说是“羊大则美”的沿袭和引申。例如：吃到味甘可口的东西，觉得很美。

第二种，它是伦理判断的弱形式。即采取欣赏玩味的形式把严重的伦理判断表现出来，可以说是“羊人为美”、美善不分的延续。

第三种，它专指审美对象。日常生活中“美”字更多用来指使人产生审美愉悦的对象。

（三）从美学范畴看

在美学范畴，“美”一字的使用是复杂的。它包含着多种含义，第一种含义是审美对象，第二种含义是审美本质（品质），第三种含义是美的本质和根源。

一是审美对象。一个事物能否成为审美对象，取决于主观条件或客观条件。审美对象是由人们的审美情感和审美态度所创造的，往往难以与审美经验分离。

二是审美本质（品质）。“美”具有一定的客观本质和形式规律。这在美学中非常重要，特别是在造型艺术中，所谓按美的规律造型就包含了这一含义。

三是美的本质和根源。人们时常有这样的困惑：“美”是如何而来的？通过学习，我们了解到可以从客观物质属性中寻找美的根源，也可以从精神上寻找美的根源。

（四）从哲学看

美是事物的组成部分，这是美的哲学定义。它是特定环境、现象、事物、行为和对象对人类生产和发展的功利表现、积极意义和积极价值。

马克思对“美”的本质做了分析，他认为“美”是建立在人类的劳动基础之上的，劳动既展现了人的内在美，又表现了对象的外在美，二者相融合，体现在劳动实践的过程中，就是美。这个观点和我国传统文化中“美”的表述一致。

二、美的内涵

一般来讲，美的内涵是指能引起人们美感的客观事物的一种共同的本质属性，但它本身是一种主观感受。

(一)美的内涵是感性美与理性美的辩证统一

美本身来自感性。由于世界的物质性，人们的客观活动是从感官开始的，感官接收外部世界的刺激，有时给人们带来愉快的感受。

美的内涵不仅是感性美，而且是理性美。美具有内容与形式的统一，具有思辨性和自由性的内涵。美的内涵是感性美与理性美的辩证统一。

(二)美的内涵是个体美与社会美的辩证统一

在马克思的观念里，人被赋予了社会性。在马克思看来，每个人都是一个特殊的个体，正是人的特殊性使人成为一个现实的、单一的社会存在。个人与社会本身的关系是辩证统一的。个人离不开社会，社会离不开个人，二者的有机结合构成了人类社会。美也是如此。

个体审美的缺失会导致感性的缺失，社会审美的缺失会导致理性的缺失，只有在二者的辩证统一中把握美，才能辩证地把握美的内涵。

(三)美的内涵是传统美与当代美的辩证统一

儒家诸子的家国天下、唐宋大家的诗词歌赋、宋明哲人的理学经典、国粹京腔的生旦净末，从不同侧面体现了中华民族的道德之美、文字之美、思想之美、艺术之美等传统美。

在当代，人们把对美的认识与社会实践紧密结合，逐渐形成了当代审美意识。

科学发展观提出了全面协调的可持续发展观，使人与自然和谐发展，体现了和谐之美；社会主义核心价值观提出了三个层次的价值取向，明确了国家、社会和个人的价值追求，体现了价值之美；人类命运共同体的理念，提出了患难与共、连接人类命运的发展理念，体现了共赢之美。

美的内涵要求我们不仅要吸收中华优秀传统文化中的精华，还要挖掘当代社会实践中流行的审美内容。同时，我们要结合当代实践，对传统美进行发展和批判接受，坚持“正气”、清源、植根于民的原则。因此，美的内涵应该是传统美与当代美的辩证统一。

第二节　寻美之路

美的产生与发展是一个历史悠久的过程。

人对美的事物在观念上进行概括和辨析，是人类对美的理论的初探索，也是人类审美思维形成的重要标志。美学是对审美现象进行整体性、系统性思考而形成的理论。

各个国家对美的看法是不同的，各种美论在相互对立中相互影响、批判、吸收，呈现出一种复杂的发展态势。

一、西方美学研究的基本发展脉络

德国哲学家鲍姆加登在1750年首次提出“美学”的学科概念。但在此之前，柏拉图、亚里士多德等名家也对西方美学发展产生了深远影响。

20世纪，西方美学可以大致概括为三个大的转向，即非理性转向与语言学转向、批判理论的转向与语言学转向、艺术学转向与文化学转向。20世纪初，西方美学具有形而上学的消退、艺术自律性发展、科学主义取得压倒性优势的特征。文化学转向根源于20世纪中叶或者更早时期出现的一些思潮和流派。20世纪末，美学得到了空前的发展，并努力克服分析美学的间接性，回到艺术与生活之中。西方美学在美学界占据主导地位的局面正在被不同文化间对话的局面所代替。

二、中国美学研究的重要发展脉络

（一）中国古代美学发展

“美学”这一概念是近代才由西方引入中国的。但不能说在近代之前中国没有美学，也不能说，中国古代有“美”无“学”。

美学，是中国很久以前就存在的一种审美意识的理论形式。

先秦是中国古典美学发展的第一个黄金时代。老子、孔子、庄子的美学奠定了中国古代美学的发展方向。

中国美学的真正起点是老子。他所提出和阐发的一系列概念，如“道”“气”“象”“有”“无”“虚”“实”“味”“妙”“虚静”“自然”等，对中国传统审美理论形成自身的体系和特点，发挥了十分重要的作用。

孔子是中国历史上第一个重视和提倡美育的思想家，他开创了儒家美学的传统。儒家美学的出发点和中心，是探讨审美和艺术在社会生活中的作用。孔子突出了“兴”这个范畴，提出了“诗可以兴”“知者乐水，仁者乐山”的命题，对后世产生了深远的影响。孔子还认为，最高的人生境界乃是一种审美的境界。庄子继承和发展了老子的道家美学，提出了一种超功利、超逻辑的“游”的境界，即一种高度自由的精神境界。

魏晋南北朝时期是中国古典美学发展的第二个黄金时期。魏晋南北朝美学家提出了一大批美学范畴和美学命题，如“气”“妙”“神”“意象”“风骨”“隐秀”“神思”“得意忘象”“声无哀乐”“传神写照”“澄怀味象”“气韵生动”等。这些范畴和命题，对后代都有深远的影响。

唐、五代和宋元时期，中国古典美学继续得到发展。在儒家美学和道家美学这两条路线之外，禅宗对中国古典美学也产生越来越大的影响。禅宗强调的“心物不二”的理论启示人们去体验审美的世界。

清代前期是中国美学史上第三个黄金时期。这是中国古典美学的总结时期。王夫之以“意象”为中心的美学体系就是中国古典美学的总结性的形态，是中国古典美学的高峰。

中国古代思想家提出了一系列重要的美学范畴和命题，贡献了极其丰富的、极具原创性的美学思想。

（二）中国近现代美学发展

1. 近代

从1840年鸦片战争开始，中国进入近代。中国近代美学家中，对后世影响较大的有王国维、蔡元培，他们的共同特点是热心学习和介绍西方美学（主要是德国美学），并尝试把西方美学和中国美学结合起来。王国维在学术上成就较大。王国维的美学思想深受康德、叔本华的影响。王国维的“境界说”，以及他的《人间词话》《红楼梦评论》《宋元戏曲考》等著作，对中国近现代美学以及中国近现代整个学术界都有很大影响。

蔡元培的贡献主要是他在担任教育总长和北京大学校长期间大力提倡美育和艺术教育。他不仅在北京大学讲授美学课，而且通过组织“画法研究会”“音乐研究会”“音乐传习所”，实际推行美育。蔡元培的理论和实践对北京大学的影响十分深远。正是由于这种影响，北京大学逐渐形成了重视美学研究和重视美育的优良传统。蔡元培在提倡美育方面产生的影响一直持续到现当代。

2. 现代

1919年的五四运动，标志着中国进入了现代。在中国现代美学史上，贡献和影响较为突出的有朱光潜和宗白华这两位美学家。他们的美学思想有两个鲜明的特点。

第一，他们的美学思想都在不同程度上反映了西方美学从“主客二分”的思维模式走向“天人合一”的思维模式的趋势；第二，他们的美学思想都反映了中国近代以来寻求中西美学融合的趋势。

朱光潜的美学，从总体上说，还是传统的认识论的模式，也就是主客二分的模式。他在分析审美活动时常用的话是“物我两忘”“物我同一”“情景契合”“情景相生”。情景相生而且契合无间，“象”也就成了“意象”。这就产生了朱光潜的美在“意象”的思想。朱光潜强调，意象（他有时又称为“物的形象”）包含人的创造，意象的意蕴是审美活动所赋予的。

宗白华也一直倡导和追求中西美学的融合。他指明了一个重要的道理：中国学者在学术文化领域（包括美学领域）应该有自己的立足点。

在中国现代，除了朱光潜、宗白华，还有一位在美育领域做出很大贡献的人物——丰子恺。丰子恺是大画家，同时又是音乐教育家、文学家。他在美育、美术教育、音乐教育等方面写了大量的普及性的文章和著作，影响了一代又一代的青少年。

我们在研究前人的美学成果时，既要注重对中国本土美学的发掘与吸收，同时也要积极吸收西方美学的有益成果，追求更高、更深、更远的东西。

第三节 马克思主义视角的美学观点

一、马克思主义美学观

马克思主义美学观是用马克思主义的观点、方法阐述人类审美意识、美与艺术的本质及其历史发展的科学，是马克思、恩格斯关于美和艺术的本质、艺术生产与物质生产的关系、艺术与资本主义、艺术与共产主义等一系列美学理论的统称。

自马克思主义诞生后，美学的研究才算走上了科学发展的道路。在马克思、恩格斯从实践中创立的辩证唯物主义和历史唯物主义的理论体系里，人们可以清晰地发现他们科学的美学思想。

马克思和恩格斯把美学看作观念形态的上层建筑，是由社会经济基础决定的，但也受上层建筑等其他因素的影响。同时，美学和美育又对经济基础有重大的反作用，对上层建筑等其他因素有重大的影响。他们多次隐晦地提出，在未来共产主义社会里，个人要真正实现全面发展，艺术或审美方面的教育也毫无疑问会“占据应有的位置”。他们认为，到了生产力高度发展的共产主义社会，由于给所有的人腾出了时间、创造了手段，个人会在艺术、科学等方面得到发展。

二、马克思主义美学主要内容

马克思主义美学主要包括以下几方面的内容。

（1）美的本质和起源理论。马克思在《1844年经济学哲学手稿》等著作中明确提出，劳动创造了美，并揭示了美与人的本质力量具有密切关系。

（2）美的规律的理论。在劳动创造美的基础上，马克思明确提出人类创造美的活动并不是任意的，而是有规律可循的，人类是按照美学的规律来创造美的事物。马克思主义美学关于美的规律的理论充分肯定了审美主体的主体性，又不忽视作为审美创造材料的客观事物的规律性，从而对人类审美创造做出了深刻的理论概括。

（3）异化劳动与审美活动相互关系的理论。马克思和恩格斯对异化劳动与审美活动的分析揭示了二者之间的辩证关系。一方面，异化劳动扭曲了劳动的本质和审美活动的正常进行；另一方面，审美活动作为人类精神生活的重要组成部分，又在一定程度上对异化劳动产生反作用。

（4）艺术本质理论。马克思主义美学在探讨艺术的本质问题时，强调艺术作为上层建筑对于经济基础的依赖关系。

三、马克思主义美学思想的价值

马克思和恩格斯的美学思想，主要见于《1844年经济学哲学手稿》《神圣家族》《德意志意识形态》，以及《剩余价值理论》《资本论》等著作。对某些作家、作品的具体评论是他们美学思想的体现。

马克思主义美学思想早已成为世界美学史上最有影响力的流派之一。马克思主义美学思想的独特贡献和价值在于它对人类审美历史进行了总体和全面的分析，提供了随时间推移人类美学活动会如何发展以及为什么会发展的理论依据。

探索美

1. 组织一次关于“美”的交流学习会，请同学们谈谈对“美”的认识与理解，使同学们更深入地理解“美”。

2. 生活中的美无处不在，选择一件或一个让你感觉到美的事物并尝试向班级同学分享。

思享汇

审美教育关乎青少年人格的养成与灵魂的塑造，是德、智、体、美、劳全面育人的重要方面，在引导人类认识真善美的过程中始终发挥着重要作用。要全面加强美育，坚持以美育人，以文化人，提高学生审美和人文素养。将美育融入课堂，达到培根铸魂、启智润心的效果。

第二章 心灵的熏陶：大学美育

【名人名言】

美育是最重要、最基础的人生观教育。

——蔡元培

【学习目标】

1. 了解什么是美育。
2. 了解美育的功能。
3. 了解新时代大学美育的作用及新时代大学生学习美育课程的方法。

第一节　美与美育

美育，即审美教育。美育注重情感、美感、心灵的教育。给美育正式定义并进行广泛传播的是德国美学大家、诗人席勒。1795年席勒出版了《审美教育书简》，首次提出了美育的概念，并分析了美育对情感教育的重要性，这也是人类文明史上第一次出现关于美育的系统阐述。

马克思主义关于美育的思想是对先哲们美育思想的总结与发展。《1844年经济学哲学手稿》中提到人与动物的本质区别除了体现在创造能力外，还体现在人能够按照美的规律来改造世界。这为我们揭示了美育在人的发展过程中的重要性。

20世纪90年代以来，美育的研究更趋成熟。首先，对美育内涵的界定由最初的艺术教育扩展到更广的范围，自然美、科技美、社会美也被纳入美育体系。其次，对美育功能的研究更加深入。相关学者认为美育不仅有培养人们欣赏美、创造美的功能，还有塑造人格、促进生产力发展、推动社会进步的功能。此外，各高校也开始设置专业课程进行审美教育和美学研究。

美育在今天的教育中仍然占据举足轻重的地位。习近平总书记在给中央美术学院老教授的回信中指出："做好美育工作，要坚持立德树人，扎根时代生活，遵循美育特点，弘扬中华美育精神，让祖国青年一代身心都健康成长。"美育对提高学生审美水平、培养审美能力，陶冶高尚情操、塑造美好心灵有着不可替代的重要作用，坚持立德树人，是中华美育精神的优良传统，也是当代中国美育的宗旨。

第二节　美育的本质及功能

一、美育的本质

美育的本质，回答的是美育到底是一种什么样的教育，包括它的地位和作用。关于美育的本质有两种不同观点：第一种认为美育是德育、智育、体育三者的辅助，又称"从属论"；第二种认为美育即情感教育，遵从席勒的观点，又称"情感教育论"。

"从属论"的代表学者是苏联的奥夫相尼柯夫和拉祖姆内依，他们合编了《简明美学辞典》，其中阐述了他们对美育的理解。他们认为美育是劳动教育、思想教育、政治教育，特别是道德教育的一部分。我国在早期也有不少学者持此观点，将美育的地位、作用包含在德育、智育、体育之中，否定了它的独立性与特殊地位。

"情感教育论"的代表学者是蔡元培。蔡元培曾说"美育者，应用美学之理论于教育，以陶养感情为目的者也"。蔡元培看到了情感教育的重要性，将美育的目标定位于借助美的形象培养人的高尚情感，这样就给美育设定了独立的地位。

二、美育的功能

美育是塑造人灵魂的教育，是一种立足于培养人的审美鉴赏力的教育。以下3点是美育的主要功能。

（一）陶冶情感

陶冶情感是美育的核心功能之一。美育通过艺术、文学、音乐等形式能够深入触及人的心灵，引发情感的共鸣与升华。这种体验不局限于个人，还可以拓展到社会群体，成为一种共同的文化记忆和情感体验。在美育的过程中，人们学会以更加细腻、丰富的情感去感知世界，进而在内心深处形成对美的热爱与追求。

（二）开发创造力

创造力在社会发展过程中发挥重要作用，而美育可以帮助人们开发创造力。经过长期美学熏陶的人会比其他人更细腻、敏锐，想象力更加丰富，而这也恰好是人类创造力的来源之一。

（三）塑造人的灵魂

美是纯洁道德、丰富精神的重要源泉，美育通过提升人的审美与人文素养，实现立德树人的目标。

美育通过鉴赏美的事物净化人的内心，从而实现身心合一、自然和谐。鲁迅曾说“美术可以辅翼道德”，其实，不光是美术，所有具有美的事物都可以发挥“辅翼道德”、塑造灵魂的作用。

第三节 新时代大学美育

一、新时代大学美育的作用

说到美育，我们就不得不讲到审美，审美是多种多样的，有各种各样的形式。什么类型的审美方式与大学美育最为贴切？那就是形式审美。形式审美和其他审美一样，既是“人化”的产物，也是“化人”的途径，在教育大学生的过程中发挥着特殊的作用与功能。由于形式审美具有单纯性、自由性、广泛性等特点，因此其更易深入社会的方方面面。在形式审美的语境下，新时代大学美育的作用主要表现在以下3个方面。

（一）强化大学教育活动效果

在大学教育活动中，我们通常使用直观的感性形式来讲授抽象的概念和道理，使教育对象更容易理解和接受。“德、智、体、美”并行时，“美”是“德、智、体”教育的中介和传导工具，故我们在教学过程中常使用“直观教学”“形象教育”。这一点在大学教育中表现得尤为突出，特别是应用于大学课堂的多媒体教学工具，集光、声、色于一体，提高了大学生的辨识能力，进而提升了他们的理解能力，利用形式审美教育强化教育效果、达到教育目标。

中外教育学家都很重视形式审美教育。西方有“寓教于乐”的传统，中国则有“乐教”“诗教”的做法，孔子就很强调诗书礼仪对维护政权及社会稳定的作用，故而有“礼乐相济”的说法，荀子则提出“美善相乐”。用美的形式表达“善”“礼”的内容，达到内容与形式的统一，是教育活动的最佳预期效果。

（二）提高大学生的生活质量

美育能够丰富大学生的精神生活。在大学阶段，学生面临着繁重的学业压力和复杂的人际关系。美育作为一种独特的教育方式，能够通过艺术欣赏、文化体验等活动，帮助学生放松心情、缓解压力。同时，美育还能够引导学生发现生活中的美，提升他们的审美能力和生活品位，使他们在忙碌的学习生活中找到精神的寄托和慰藉。

（三）提升大学生的文化品位

美是抽象的、朦胧的，常常留给人广阔的想象空间，而正是这自由的氛围让美育拥有了提升大学生文化品位的作用。通过欣赏和分析艺术作品，大学生可以更深入地了解不同文化背景下的艺术表达方式和内涵，从而提高对文化的敏感度和鉴赏力。这种对文化的深入理解有助于提升大学生的文化品位，使他们在面对各种文化现象时能够有更加独到和深刻的见解。

二、如何学习美育课程

学习美育课程需要全面、多角度地理解和实践，通过不断的学习和实践，提高自己的审美能力和创造力。

（一）了解美育课程的定义和目标

美育课程是指通过系统的教学活动，培养学生对艺术、文化等方面的兴趣和审美能力的过程。它的主要目的是培养学生的审美观念和审美能力，提高他们对艺术作品和文化表达的理解和鉴赏能力。通过学习美育课程，学生能够培养自己的创造力和想象力，提高社交能力和表达能力，丰富自己的精神世界。

（二）重视课程设置，掌握基本要求

学生需要认真听取教师的讲解和指导，掌握课程的基本内容和要求，明确学习目标和方向。

（三）多角度学习

在学习美育课程时，不仅要学习理论知识，还要通过多种方式学习美的表现技巧和

实践经验，如参加艺术展览、观赏戏剧表演、欣赏音乐会等。

（四）采用多种学习方法

学习美育课程时不仅要从多个角度进行学习，还要采用多种学习方法。

1. 发现和感知

学生要培养对美的敏感度和好奇心，善于发现身边的美，并逐渐提高对美的感知能力和理解能力。

2. 欣赏和模仿

学生可以通过观看艺术作品、欣赏音乐、阅读文学作品等方式，学习欣赏和模仿美的表现方式和技巧。

3. 思考和创新

在理解和实践美的过程中，学生可以不断思考美的本质和规律，尝试创新和突破，提出自己独特的艺术观点和创作风格。

4. 积极思考和表达

在学习和实践中，学生要提出自己的观点和见解，与老师和同学进行交流和分享。

探索美

1. 分享一个对中国美育做出贡献的教育工作者的事迹。利用网络资源查找，向班级同学分享成果。

2. 思考大学美育给我们带来了什么，组织一次学习成果展示会，进行展示并互相点评。

思享汇

美育者，应用美学之理论于教育，以陶养感情为目的者也。人生不外乎意志，人与人互相关系，莫大乎行为，故教育之目的，在使人人有适当之行为，即以德育为中心是也。顾欲求行为之适当，必有两方面之准备：一方面，计较利害，考察因果，以冷静之头脑判定之；凡保身卫国之德，属于此类，赖智育之助者也。又一方面，不顾祸福，不计生死，以热烈之感情奔赴之。凡与人同乐、舍己为群之德，属于此类，赖美育之助者也。所以美育者，与智育相辅而行，以图德育之完成者也。

——《教育大辞书》

第三章 行美而旨远：书法之美

【名人名言】

书法提供给了中国人民以基本的美学，中国人民就是通过书法才学会线条和形体的基本概念的。因此，如果不懂得中国书法及其艺术灵感，就无法谈论中国的艺术。

——林语堂

【学习目标】

1. 了解中国汉字的基本演变过程，体会汉字之美。

2. 了解各书法大家的书写特点，掌握书法艺术的审美特征与欣赏方法。

3. 能够运用专业语言对书法作品进行赏析，尝试用毛笔或硬笔完成一幅书法作品。

第一节　认识美：回首千年，书法源流

拓展学习

书法，是承载中国人文情怀的具体表现，是一种文字美的艺术表现形式。

中国书法以汉字为载体，是我国传统艺术中的瑰宝。书法中的笔画像极了一个个悦耳的音符，并跟随着音乐节拍来回地在纸上跳动。书法的演变，无不体现着中国古人的非凡智慧，即便是穿越几千年的光景，亦不能磨灭它的历史痕迹。时至今日，我们仍然能够感受到书法那摄人心魄的艺术魅力。

中国书法经历了漫长的发展历程。迄今为止，发展最早、最具有系统性的文字是甲骨文。而后，周朝又出现了金石文字，即青铜器铭文和刻石文字。总的来说，文字是从繁复的书体向简便书写的方向发展的。秦始皇一统中原后，随即实施了书同文的政治举措，而这一时期的文字便是小篆。秦朝二世而亡，取而代之的汉朝很快实现了书体的变化，即为了简便书写，推行隶书。隶书作为古今文字的分水岭，起到了很好的承上启下的作用。在隶书的基础上，又逐渐演变出了章草、草书、楷书和行书。书体的发展和演变在魏晋时期就已基本完备。而魏晋之后，书家和书法风格的流变是书法发展的主要内容。根据书法在各个时期的发展特点，本节分为先秦至秦代、两汉、魏晋南北朝、隋唐五代、宋元和明清等多个时期进行讲述。

一、先秦至秦代

先秦时期是中国书法史上的一个重要时期。文字的起源与发展经历了漫长的岁月。在这个漫长的过程中，殷商时期的甲骨刻辞（殷墟卜辞）便是先秦时期重要的代表性书法样式。

甲骨文是刻画在龟甲和兽骨上的文字，所用的材料以龟的腹甲和背甲居多，占卜时，所用腹甲数量为最。此外，骨质材料主要有羊、鹿、猪、虎等。图3-1所示为殷商时期的《贞旬卜骨刻辞（宾组）》，甲骨有残破。

卜辞是现存商代最早时期的甲骨文作品，相当于武丁早期。其字形保留了非常浓厚的图画性笔意，具有显著的象形特点。以其笔画特点来看，虽说有简化的倾向，但卜辞中的文字依然保留了明显的粗

图3-1　商《贞旬卜骨刻辞（宾组）》

细变化的处理。

甲骨文是中国最早的文字系统。它承载着商人逢凶化吉的美好愿望，也无意中留下了殷商贵族细致入微的生活细节。它无异于一部百科全书，详尽记录着生老病死、方国战争、天文星象、农业收成等殷商贵族时刻关注的大小事件，其代表如图3-2所示。

图3-2 商《刻辞卜甲》（局部）

迄今所发现的殷墟甲骨不下于十几万片，这是一个十分庞大的体系。甲骨文书法以武丁时期为最，极具原创性。而后，镌刻技艺不断地完善，风格也越发多样。至商朝末期，甲骨文发生了较大的转变，小字愈细愈精，而大字的精神气质也贯通于钟鼎铭文，为西周金文的繁盛奠定了基础。

图3-3 西周虢季子白盘铭文（拓片）

商朝末年，武王联合庸、羌、蜀等四方诸侯伐纣灭商，建立了周朝。王朝重新建立，典章制度在周朝不断地完善。周公旦制定了一套完整的礼乐制度，开创了礼乐文化的盛世。对于周朝礼乐文化，其秩序理念的内在精神很好地表现在了钟鼎礼器的金文之上。

西周的金文书法与西周的历史分期相一致，分为早、中、晚三个时期，即过渡期——武、成、康、昭，鼎盛期——穆、恭、懿、孝，衰微期——夷、厉、宣、幽。过渡期的主要作品有大盂鼎铭文等经典作品。大盂鼎铭文与散氏盘铭文、毛公鼎铭文、虢季子白盘铭文并称为书法史上金文“四大国宝”。图3-3所示的虢季子白盘铭文中，字与字的间距拉开，整体表现出空灵疏朗的美学意境。

秦王嬴政二十六年（公元前221年）统一

天下，建立了中国第一个中央集权的封建王朝。为了加强统治，“书同文”这一举措成为秦代统一法度准则的重要内容。文字的统一为后世的书体规范和法度的建立奠定了深厚的基础。

秦代以小篆为一统后的官方文字。小篆是大篆（甲骨文、金文、籀文）等文字省改后的新规范性书体。秦代前期的作品有秦公钟铭文、石鼓文铭文、商鞅方升铭文等，这些作品对于小篆而言，仍处于过渡时期，但整体已经向简化的方向演变。秦始皇统一中国之后，多次巡游各地，留下了许多石刻文字。如《史记·秦始皇本纪》中记载的刻石有《峄山刻石》《泰山刻石》《琅琊刻石》《东观刻石》《碣石刻石》《会稽刻石》等。其中，《峄山刻石》的书丹传为秦丞相李斯所作，是书法史上的经典小篆作品，如图3-4所示。《峄山刻石》法度十分严谨，线条浑劲圆凝、婉转通畅，字形中正疏朗，具有“千钧强弩”的美誉，为历代书家所推崇。此外，秦代的典型性书法还有秦诏版和秦简。秦诏版著名书法有《秦始皇廿六年诏书权》《秦·二世元年诏版》等。秦简书法则有《里耶秦简》《云梦睡虎地秦简》等。

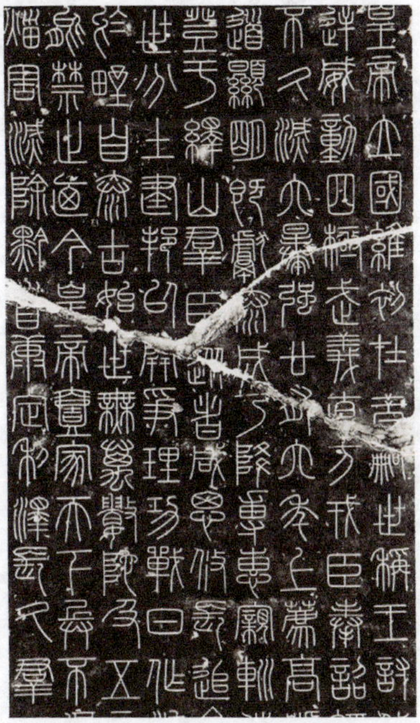

图3-4 《峄山刻石》（局部）

二、两汉

两汉是篆书向隶书发展的历史时期，隶书在这两个时期逐渐发展成熟。经过考古研究发现，西汉汉武帝时期，汉简中的书法风格已经趋于标准、规范。在这一时期，简牍帛书也呈现出一种趋势，即笔画之间的连带关系越发地趋向于简化。东汉时期，丰碑巨碣大量出现，这一时期的刻石、碑版成为一时之风尚。碑刻的碑额为篆书，正文采用隶书，力求端庄严谨的书法风貌。

汉代的简牍帛书（简称“简帛”）在当时是人们日常书写的载体，但简帛容易腐朽，因此，后人很难得见。自20世纪以来，随着考古发掘的进行，大量的汉代简帛重现世人眼前。

这些简帛所包含的文字内容十分丰富，涉及经书古籍、文书账册、法令条文以及辞赋文学作品等诸多方面的内容，具有极高的历史价值和文献价值。现如今，所出土的西汉时期的简帛书法——湖南长沙马王堆三号汉墓出土的简帛墨迹（见图3-5）受到广泛关注。此件简帛是典型的秦汉之际过渡时期的作品，用笔多方折，笔画横向舒展，波挑笔画表现明显，已经具备了隶书“蚕头燕尾”的雏形。其字形结构偏方扁，长横的横式极为突出，而突出的长斜笔画使得整体的字形在端庄严谨的氛围中又增添了几分活泼的意趣。

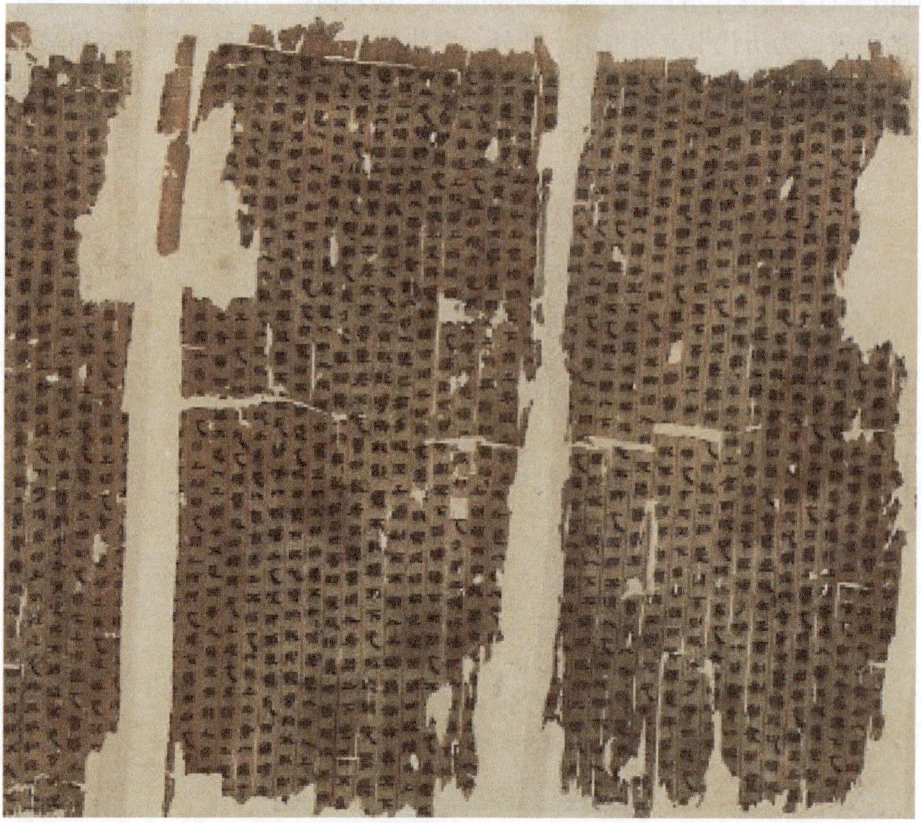

图3-5　西汉简牍《老子乙本》（局部）

书法发展到东汉时期，隶书的演变已经完全成熟。在东汉的前期阶段，简牍书法艺术越发成熟，呈现出多姿多彩的发展状态。东汉时期的刻石较西汉时期更为繁盛。其中，碑刻是东汉开始盛行的一种刻石类型，成了东汉时期一大时代风尚。东汉以儒学治世，重视孝道与名节。因此，当时社会上崇丧厚葬、树碑纪名的行为盛行。东汉中期出现的刻石有《祀三公山碑》《袁安碑》，且都以篆书入石。而至东汉后期，隶书碑刻开启了全盛时代，成为后世学习隶书的标准。东汉时期的隶书碑刻，种类繁多，风格绚烂多姿，被后世书家视为隶书之圭臬。其中，较为著名的隶书碑刻有《乙瑛碑》《礼器碑》《衡方碑》等，风格多样，姿态万千。《乙瑛碑》（见图3-6）的厚重、丰润，及《礼器碑》（见图3-7）的瘦劲、奇崛，都是东汉隶书碑刻风格多样的集中体现。

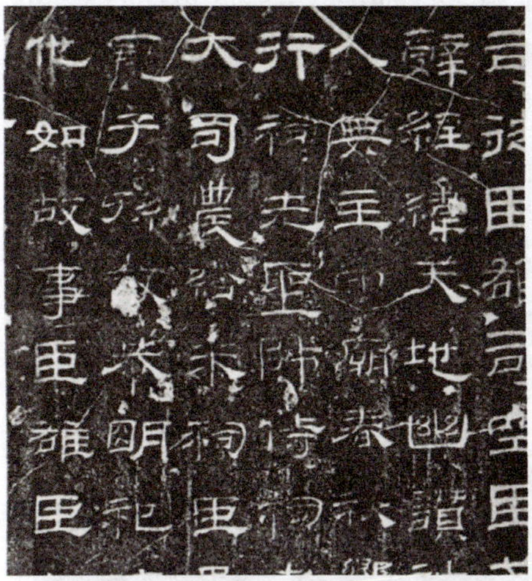

图3-6 东汉隶书《乙瑛碑》（局部）

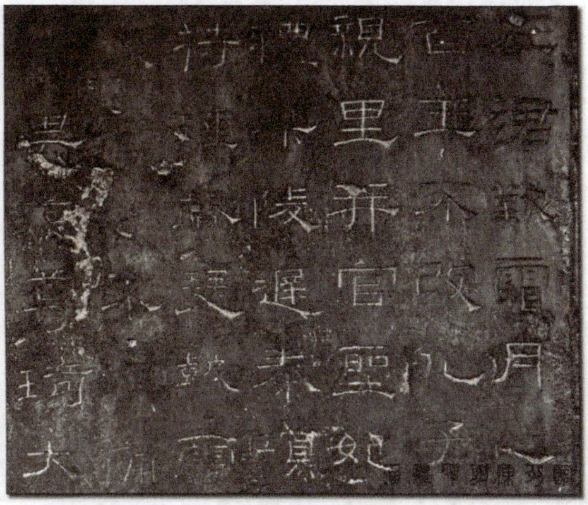

图3-7 东汉隶书《礼器碑》（局部）

《乙瑛碑》现存于山东曲阜汉魏碑刻陈列馆，其字形规矩，波磔分明，点画丰润。对此，清代杨守敬《评碑记》云：“是碑隶法实佳，翁潭溪云‘骨肉匀适，情文流畅’诚非溢美。”《礼器碑》是汉碑之中的典范之作。其用笔锐利生动，瘦劲如铁，一字一奇，变化多端，被誉为汉碑中最奇绝的杰作。此外，两汉时期还有刻石、砖文、瓦当等书刻作品类型，较为知名的有《五凤刻石》《莱子侯刻石》。这些丰富的作品与汉隶碑刻共同构成了两汉时期的书法格局。

三、魏晋南北朝

如果将中国书法史划分为古体的篆书、隶书阶段和新体的楷书、行书、草书阶段，那么魏晋南北朝时期恰是这两个阶段的过渡时期。在魏晋南北朝，书法才真正成为“书法艺术”。

在魏晋南北朝时期，楷书、行书成为十分流行的书体。提及楷书，魏晋南北朝时期的楷书大家当首推钟繇。钟繇的楷书流传后世，对后世楷书的影响极大，被后人尊为“楷书之祖”。其著名的楷书作品有《宣示表》（见图3-8），以及《贺捷表》《荐季直表》（见图3-9）等。

钟繇的楷书用笔古拙质朴，点画圆润遒劲，字形多为方扁之态。对此，元代陆行直在跋语中写道：“高古纯朴，超妙入神，无晋唐插花美女之态。”

西晋时期，草书得到了很好的发展。这一时期的草书还保留了隶书的波磔笔画，是一种介于隶书和草书之间的书体。西晋擅长草书的书家有卫瓘、索靖等人，而卫瓘、索靖等人的草书笔法无不受到东汉书家张芝和三国时期吴国书家皇象的影响。卫瓘、索靖的草书代表作品分别为《顿首州民帖》和《月仪帖》。

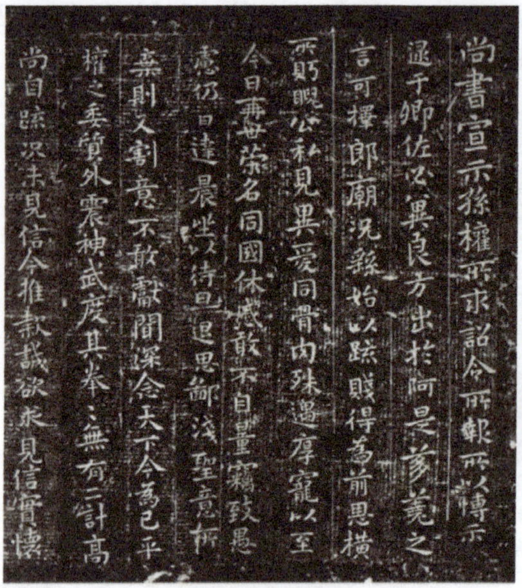

图3-8 钟繇楷书《宣示表》(局部)

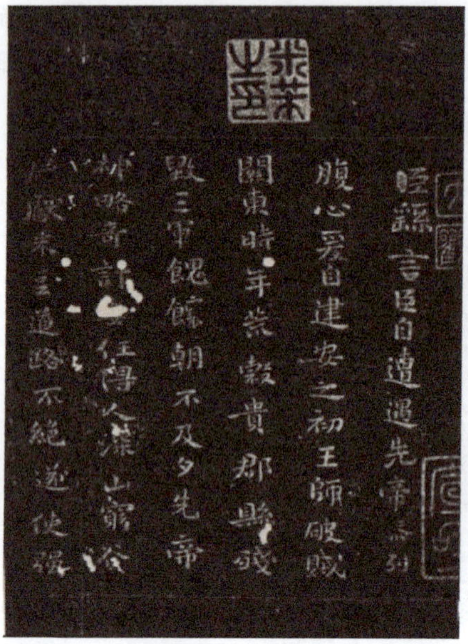

图3-9 钟繇楷书《荐季直表》(局部)

东晋时期，行、草书法又多有创新。在门阀士族中，书法最具代表性的当属王氏一族。其中，又以王羲之、王献之二人书法为最。“二王”对行、草书法的贡献巨大。对于草书，“二王”一变古体，完成了章草到今草的转变。“二王”传有众多书法精品，如王羲之有《兰亭序》《初月帖》《寒切帖》(见图3-10)，以及《二谢帖》《得示帖》《丧乱帖》等。王献之则有《中秋帖》(见图3-11)，以及《鸭头丸帖》《洛神赋十三行》《廿九日帖》等。

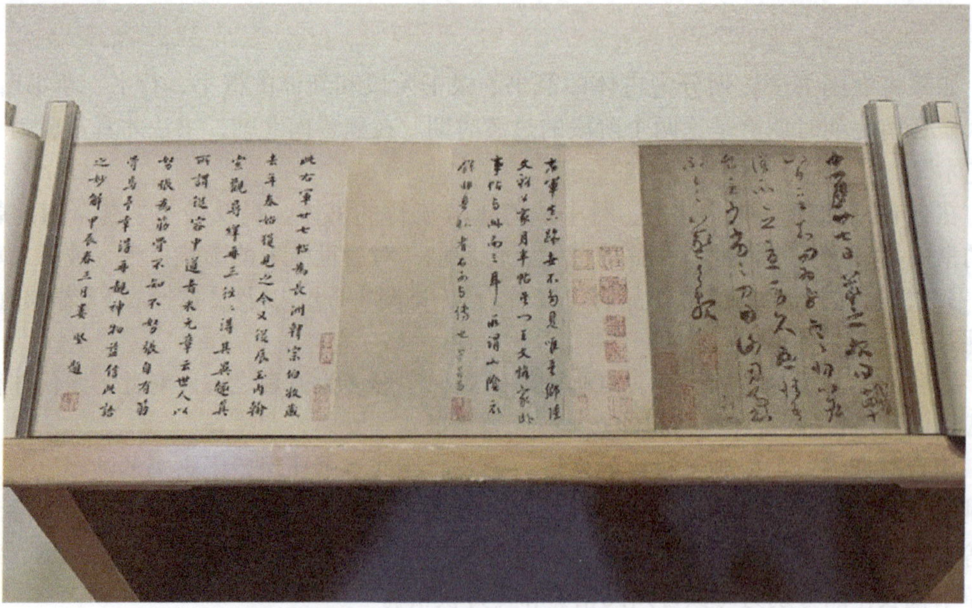

图3-10 王羲之《寒切帖》

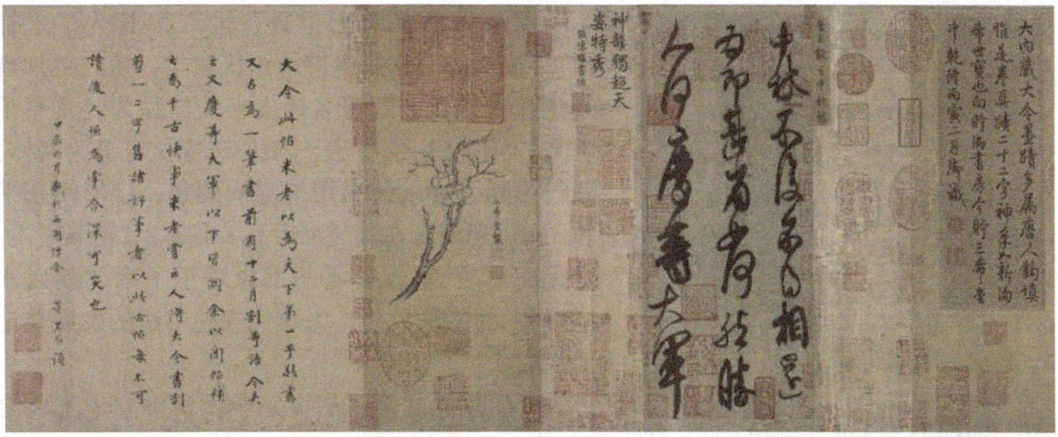

图3-11　王献之《中秋帖》

王羲之被后世称为“书圣”，其笔法严谨且层次感丰富，技法动作复杂而又有微妙之处，素有“右军如龙”的美誉。王羲之一变行、草之体，实现了书法从古朴到妍美的改变。

王献之用笔技法自然、清新、流畅，简单明了，崇尚自然流露。王献之以父亲王羲之书风体系为根本而使笔法变得更加娴熟快捷，虽然在笔法的严谨度、层次感和微妙感上有一定的缺失，但是他创立了更加自然化的书写风格，将魏晋书法的风格韵势发展到了极致，并对后世产生很大的影响。

南北朝时期，碑刻、摩崖、造像、墓志是这一时期书法作品的主要载体，而这一时期的书法以楷书为主。

北朝书法以碑刻为主，代表作有《郑文公碑》《张猛龙碑》《敬使君碑》等。此时书法是汉代隶书向唐代楷书发展的过渡时期。

南朝书法，也继承东晋的风气，上至帝王，下至士庶都非常喜好。

南北朝书法家灿若群星，无名书法家为其主流。他们继承了前代书法的优良传统，创造了无愧于前人的优秀作品，也为形成唐代书法百花竞妍、群星争辉的鼎盛局面创造了必要的条件。

总之，魏晋南北朝的书体样式、技法手段、书法家流派都超越前代，影响深远。

四、隋唐五代

隋朝统一全国后，南北书风逐步走向融合。在此之后，书法诸体皆已发展完备，而书法也越发地规范。随着隋唐科举取士制度的不断完善，书法的发展进入了繁荣昌盛的时代。唐朝的书法在继承魏晋之风后，有了全新的发展，不管是行书、草书、楷书等都得到了创新发展，出现了百家争鸣局面。唐朝书法名家辈出，如欧阳询、虞世南、张旭、颜真卿、李阳冰和怀素等人。唐代楷书的法度发展到了极其完备的高度，同时，唐代的写经体书法亦颇具特色。唐朝之后，五代书风没落，较有影响力的书家当属杨凝式。

隋朝时期，最为有名的书家当属智永。

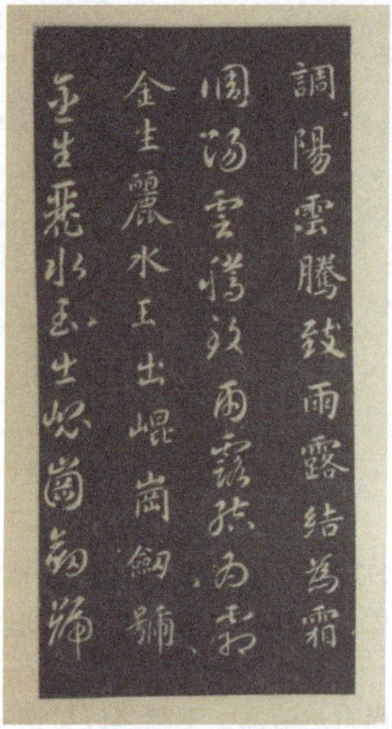

图3-12　智永《真草千字文》（局部）

智永为王羲之七世孙，世人称其为“永禅师”。智永的书法用笔继承王氏家学，使之更加规范化和系统化。其著名传世书法作品为《真草千字文》，如图3-12所示。《真草千字文》分为两体，隔行排列。智永此书用笔温润圆熟，字形端正平和。初唐李嗣真在其《书后品》载有：“精熟过人，惜无奇态。”智永含蓄的书风矫正了南北朝以来“狂狷”的书法风尚，为唐代规整书法的发展奠定了基础。

唐朝建立之后，唐太宗李世民确立了王羲之“书圣”的历史地位。在其推动下，唐朝的书法出现了繁荣昌盛的新局面。初唐时期，书家以欧阳询、虞世南、褚遂良、薛稷四人最为著名，被世人称为“初唐四大家”。欧阳询的楷书影响深远，其代表作有《化度寺碑》《九成宫醴泉铭》。欧阳询的楷书源于魏碑，用笔多为方笔，字势险绝，中宫收紧，峭拔中不失规整之态。虞世南的书法代表作有《孔子庙堂碑》《虞摹兰亭序》《汝南公主墓志铭》，其书法掺入魏晋古意，书风平正朴实，外柔内刚，笔致圆融冲和而富有遒丽之气。褚遂良的代表书作有《伊阙佛龛碑》《房玄龄碑》《孟法师碑》《雁塔圣教序》。褚遂良早期的书法具有方正古朴的意味，而后书风转变，笔画愈加灵动，富有弹性，字形结构偏方正。薛稷为褚遂良高足，代表作为《信行禅师碑》，其书风延续了褚书的风格。

盛唐时期，书法名家辈出。真（楷书）、行、草各体都达到了一个新的高度。对于书法史而言，李邕的行书，张旭和怀素的草书，颜真卿的真、行、草书，以及李阳冰的篆书都享誉一代，且至今依然有着强大的影响力。李邕的行书代表作有《麓山寺碑》，他用笔雄强有力，字势宽博，雄浑豪放，代表了盛唐气象。张旭和怀素的草书变字字独立的今草为纵情恣性的连绵狂草，世人称其二人为“颠张醉素”。

颜真卿书法是继王羲之书法的另一个高峰。

颜真卿擅长行、楷，创“颜体”楷书，对后世影响很大，其书法代表作有《多宝塔碑》《颜勤礼碑》《麻姑仙坛记》《祭侄文稿》《争座位帖》《自书告身》等。其中，《颜勤礼碑》（见图3-13）是其晚期杰作。其书用笔沉稳厚重，字形俊美修长，字体结构更是端庄稳重。晚唐书家柳公权的书法风貌正出自此类书法，其与颜真卿的书法素有“颜筋柳骨”之称。《送刘太冲序》乃是颜真卿书法探索极为成功的一件作品，被誉为“极品丑书”，此作将楷书、行书、草书融为一体，自然而和谐，构建出了一套独特的审美境界。

米芾评价《送刘太冲序》：神采艳发，龙蛇生动，睹之惊人。“神采艳发”指的是颜真卿大胆革新，以篆籀笔法入楷、行、草，从而线条饱满而圆实，就像是龙蛇飞舞一般。

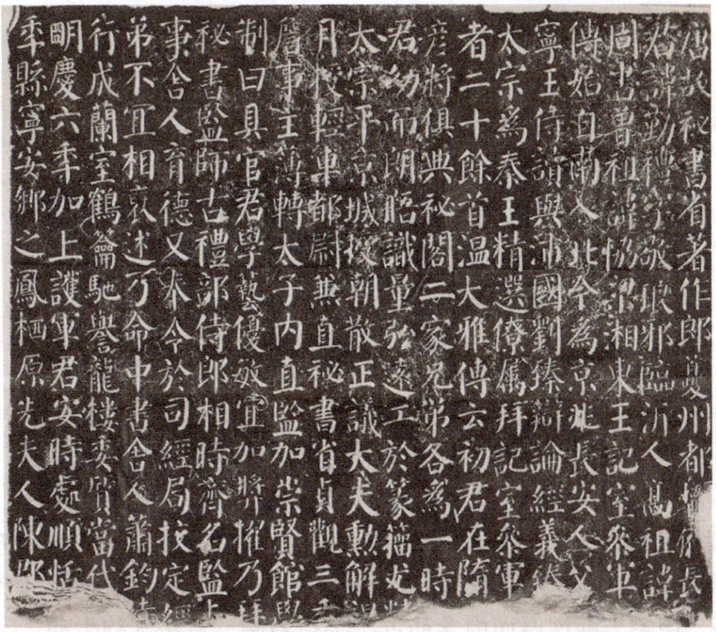

图3-13 颜真卿《颜勤礼碑》（局部）

于是才有了史学大师范文澜先生的这一句话："初唐的欧、虞、褚、薛，只是'二王'书体的继承人。盛唐的颜真卿才是唐朝书体的创造者。"

如果说从唐代书家当中，选出一个人代表大唐气象，那么这个人一定会是颜真卿。

五代十国处于动乱分裂的时代，士大夫无心翰墨，书法的发展在这段时间显得十分黯淡。杨凝式是这一时期较为著名的书家，其代表作有《韭花帖》《卢鸿草堂十志图跋》《神仙起居法》等。

五、宋元

公元960年，宋太祖赵匡胤一统天下，建立了宋朝。宋朝经济的繁荣，带来了文化、艺术上的全面繁荣。宋人书法崇尚以书通己意，开创了"尚意"书风的局面。宋朝书法也是继晋、唐之后书法史上所公认的又一座高峰。元代书法的成就并不突出。有元一代，书坛几乎由赵孟頫书风一统天下，时人莫不受赵孟頫书风的影响。

宋朝善书法者，以蔡襄、苏轼、黄庭坚、米芾为最，世人称其四人为书法"宋四家"。蔡襄一生痴心于翰墨，集历代书家之长，书法技艺超群。对此，苏轼对其称赞道："蔡君谟书，天资既高，积学深至，心手相应，变态无穷，遂为本朝第一"。由此，可看出蔡襄的书法地位。蔡襄诸体兼善，其书法作品有《门屏帖》《虚堂诗帖》《自书诗卷》《远蒙帖》《澄心堂纸帖》等。《澄心堂纸帖》（见图3-14）是蔡襄行书的代表作。此作点画爽劲，结体宽博，端庄厚重，精致又不失豪迈之气。

在中国文化史上，北宋时期的苏轼是一座巍然高峰。苏轼号东坡居士，"唐宋八大家"之一，与其父苏洵、其弟苏辙并称"三苏"。他不但文名彰显，书法成就亦高，为"宋四家"之一。

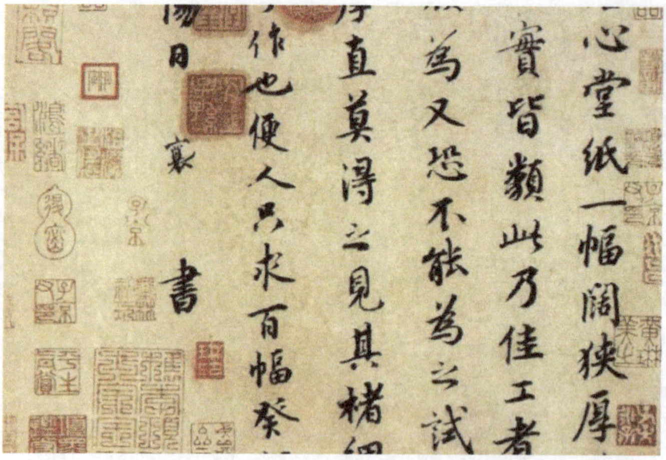

图3-14 蔡襄《澄心堂纸帖》（局部）

苏轼书法取法“二王”、王僧虔、颜真卿、柳公权、褚遂良、杨凝式等书法名家。他用笔呈侧势，结体扁平短肥，姿态多变，在气质上有古雅清灵之感。其行书《寒食帖》《前赤壁赋》等，用笔丰腴浑厚而内含筋古，字行扁阔，章法气韵生动，字里行间洋溢着书卷气与才学气。

黄庭坚，字鲁直，其书法独树一格，最大的特点是“重韵”，持重风度，写来疏朗有致，擅长行、草，在整个书法史上占有重要地位。其代表作品有《松风阁诗帖》《牛口庄题名卷》《经伏波神祠》《范滂传》《诸上座帖》《廉颇蔺相如传》等。

米芾，以行书书法成就最大，被誉“宋四家”之一。他的书法追求整体气韵和细节的完美，充满了生命力和活力，展现出豪放不羁的气势和艺术张力。其书法代表作有《苕溪诗帖》《蜀素帖》《珊瑚帖》《乐兄帖》等。

赵孟頫善篆、隶、真、行、草书，尤以楷、行书著称于世，其书风遒媚、秀逸，结体严整、笔法圆熟，世称“赵体”。其与颜真卿、柳公权、欧阳询并称为“楷书四大家”。其代表作品有《兰亭帖十三跋》《归去来辞》《赤壁赋》《国宾山长帖卷》。图3-15所示为赵孟頫的楷书作品《玄妙观重修三门记》局部。

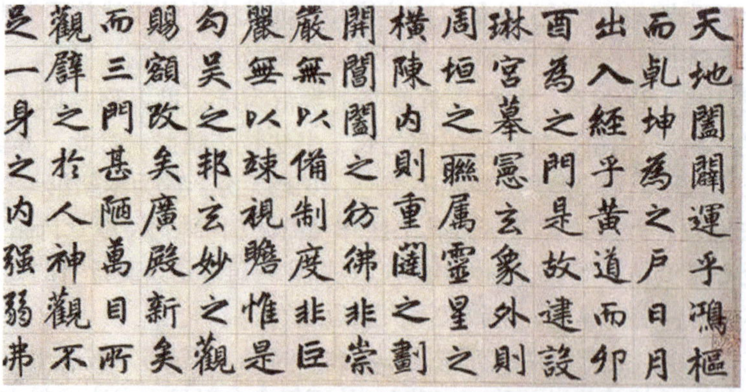

图3-15 赵孟頫《玄妙观重修三门记》（局部）

六、明清

公元1368年，朱元璋推翻元朝统治并在南京称帝，建立明朝。明代的书法大致可以分为三个时期。初期以“三宋”“二沈”为代表，此时书法承袭元人，“台阁体”书风风靡全国。中期以“吴门书派”为核心，主要代表书家有祝允明、文徵明和王宠等。晚明时期，书画艺术存在“求奇尚异”的风尚，书法帖学也在这一时期也得到了相应的发展，代表书家主要有徐渭、董其昌、黄道周、张瑞图、倪元璐等。

清代前期书法以晚明遗民书法为主体，后期碑学日益强大，直至与书法的帖学平分秋色。此外，清代金石学的兴起间接地促进了篆、隶两体书法的兴盛，北碑书法的研究与学习也得到了空前的发展。这一时期的书法大家有何绍基、邓石如、赵之谦和吴昌硕等。

董其昌的书法综合了晋、唐、宋、元各家的书风，吸收古人书法的精华，但不在笔迹上刻意模仿，兼有“颜骨赵姿”之美，自成一格，其书风飘逸空灵，风华自足。笔画圆劲秀逸，平淡古朴。用笔精到，始终保持正锋，少有偃笔、拙滞之笔；在章法上，字与字、行与行之间，分行布局，疏朗匀称，力追古法。用墨也非常讲究，枯湿浓淡，尽得其妙。

董其昌的字，有颜真卿的端庄，又有怀素的气韵，用笔像“二王”那样非常精微，也有米芾的八面出锋、潇洒风格。图3-16所示为其作品《东方朔答客难》(局部)。

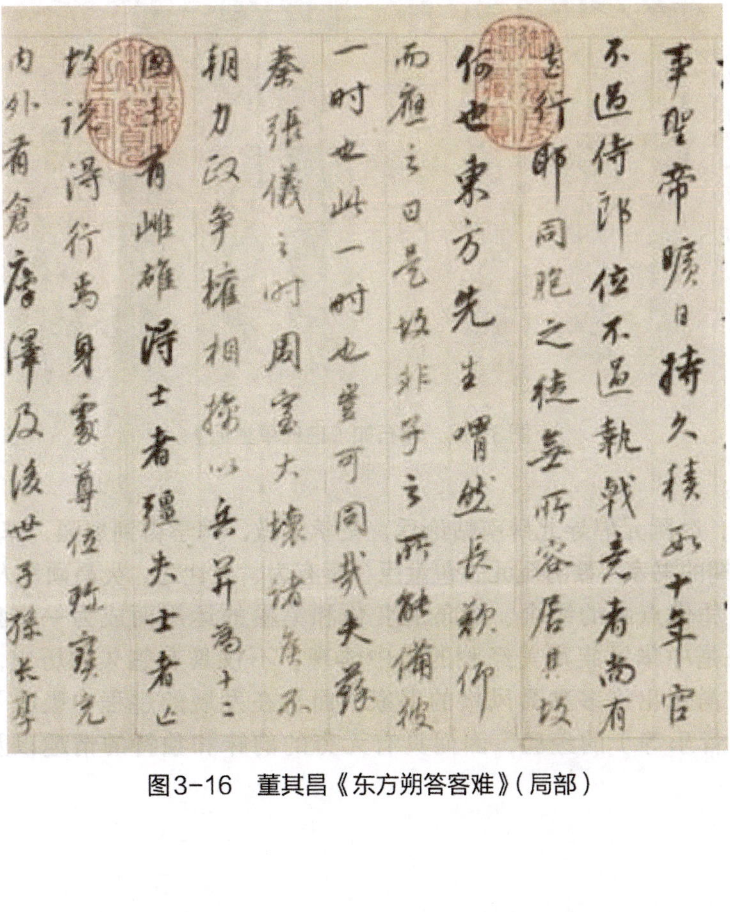

图3-16　董其昌《东方朔答客难》(局部)

董其昌有句名言：“晋人书取韵，唐人书取法，宋人书取意。”这是历史上书法理论家第一次用“韵、法、意”三个概念划定晋、唐、宋三代书法的审美取向。这一理论对人们理解和学习古典书法，起了很好的阐释和引导作用。

清代前期以遗民书家为主体，主要代表书家有王铎、傅山、朱耷（八大山人）等。在清初之时，碑学书法已有发端。郑簠和万经便是其中的代表书家。清朝中期，帖学依然兴盛。世人将刘墉、梁同书、王文治和翁方纲并称为“清中期帖学四大家”。

清朝晚期，由于金石学和碑学的盛行，篆、隶书法得到了极大的发展，涌现了如邓石如、吴让之、赵之谦等一大批篆、隶大家。

以邓石如为例，其代表作品有《行草诗》《楷书诗》《白氏草堂记》（见图3-17），以及《完白山人篆刻偶存》等。

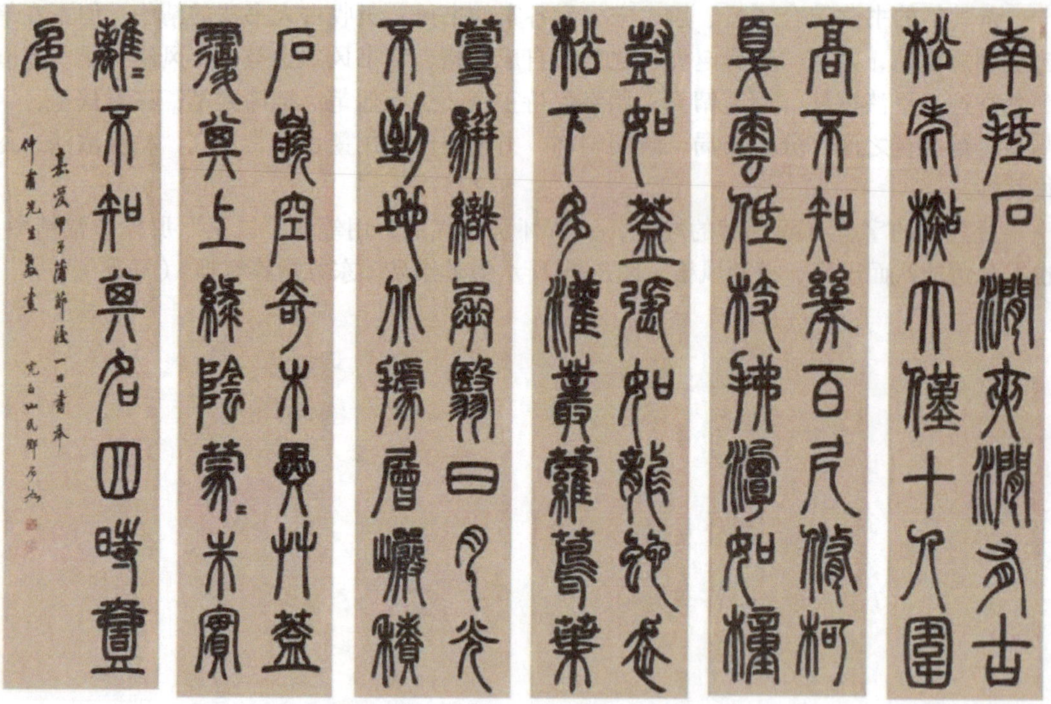

图3-17 邓石如《白氏草堂记》

清末时期，继阮元倡导北碑南帖论后，帖学式微，碑学得到加强，碑学迎来了全盛时代。这一时期的书家主要有阮元、包世臣、康有为、吴让之、吴昌硕等人。

中国书法凭借点画的组合、线条的变化和笔墨的运用而成为一个独立的艺术门类。中国书法是中华民族审美经验的集中体现，不仅具有悠久的历史，形成了各种书体、流派并涌现出许多独具风格的书家，而且在发展的过程中吸收了其他艺术门类（如绘画、音乐等）的经验，因而具有无穷的韵味和独特的情趣以及重要的审美价值。

第二节　剖析美：人文精神，书法美学

一、书法中的韵律与自然

“一切艺术的问题都是韵律问题”，此语出自林语堂先生的著作《中国人》。艺术的种类繁多，如文学、绘画、音乐、舞蹈、戏剧等。尽管不同的艺术都有着自身独特的表现语言和精神内涵，但把所有艺术的问题进行归纳，即为韵律的问题。那何为韵律？对于艺术而言，“韵”是艺术家流露在艺术作品中的审美意蕴和精神灵魂，是情和意的完美升华。书法艺术的结构变化多端，不同的笔画构成不同的结构规律。这些规律有平正、松紧、欹侧、聚散、呼应等，书家通过规律表现书法艺术的形式美，表现出无穷的意蕴和趣味。

“书法是节奏化的自然”是美学家宗白华所提出的书法理论。花草树木、飞禽异兽无不包含于内。东汉时期的书家蔡邕也提出：“夫书肇于自然，自然既立，阴阳生焉，阴阳既生，形势出矣。”由此可见，书法与自然的关系非常紧密。书家将所能观察到的自然物的运动形态，与书法中的线条进行比拟，并把零散的运动物态形象有规律、有节奏地加以融合，最终都归结于、抽象化于具体的篆书、隶书、草书、行书、楷书形态。此外，书法的节奏化不仅仅是书法具体形态的整合，更是书家的内心独白。书法中所呈现的任何形态的线条，都积淀着书家的思想意识和浓郁真情，表达的是心中的韵律。

二、书法的“无用之用”

艺术来源于生活，它是具有典型性的社会意识形态。艺术的种类多样，如绘画、雕刻、建筑、音乐、舞蹈、书法、戏剧、电影等。关于艺术的“无用之用”，首先我们得明白何为“无用之用”？“无用之用”是庄子最著名的概念之一，它的一个明显特征是包含于自身中“无用”（无实际作用）与“用”（有用）之间的矛盾。对于艺术的“无用之用”，笔者将以书法为例进行阐述。书法的“无用之用”主要体现在以下3点。

（1）文化价值。书法是以汉字为书写载体的艺术，更是传承中华民族传统文化的瑰宝，承载着我国深厚的文化底蕴。“书法是中国文化核心的核心”，中国人通过汉字的书写，将中国的民族文化精神世代相传。书法艺术需要不断地继承传统文化思想、不断地创新，以适应社会的发展。

（2）精神修养。书法作为一门传统艺术，它起着培养个人人格精神、提升个人内涵的作用。中国书法讲究的是个人修为，书法可以使人平心静气，摒弃一切杂念。

（3）生命意义。中国书法所追求的境界是要表现生命，成为反映生命状态的艺术。如苏东坡言：“书必有神、气、骨、肉、血。五者阙一，不为成书也。”书法是一个生命整体，一笔一画，反映的是生命的轨迹与状态。中国书法的笔墨线条表达的是书家对人生意义的寄托，字里行间洋溢的是书家对生命的热忱与向往。

艺术的“无用之用”体现在多个方面，以书法为例只能做部分阐述，不足以包括所有艺术的“无用之用”。艺术的“无用”之“用”是相对于现实生活中的“有用”（实用）而存在的。艺术的“无用之用”，恰好给人们提供了一个良好的精神家园，让人们心中的性灵得以抒发，让漂泊无依的灵魂得到久违的依赖与慰藉。

三、谈书画研习之路

艺术是有生命的，并不是所有的艺术问题都能以西方的科学思维方法去解释并找到答案。书画作为传统艺术，书画家不仅需要磨炼艺术技巧，还需要不断地提高自身的文化修养，从而更好地把握书画艺术的内在规律。在新学时代下，对书画的研习，笔者对大学生提出以下建议。

（1）对于外来的思想和文化，我们应秉持着包容、接纳的态度。总的来说，艺术的发展需要不断地注入新的活力，吸收外来的优秀思想和文化为我所用。

（2）我们需要根植于传统，不能让书画的研习成为无本之木、无源之水。书画的研习，实质上是对优秀传统文化的传承。我们要谨记“取法乎上，仅得乎中”这个道理。在当今时代，我们需要坚定文化自信，继承且不断地发扬优秀传统文化。

（3）在新学的背景之下，研习书画的方式必然区别于传统的学习模式。这就要求我们研习书画要做到与时俱进，不断地赋予书画新的内涵，从而实现其时代价值。

第三节　赏析美：赏心会意，书作分析

中国书法开始于甲骨文、石鼓文及金文，后来演变为篆书和隶书，最后定型于草书、楷书、行书，发展趋于成熟。

中国书法经过几千年的摸索发展与历史传承，烙刻着中华传统文化基因，并成为代表中国历史的民族符号。

一、古代书法名作

（一）《兰亭序》

晋代，“书圣”王羲之书风大成的代表之作《兰亭序》（见图3-18），又名《兰亭集序》《禊帖》。

《兰亭序》全文28行，总324字。此书用笔遒劲婉转，妍美多姿，字字精美，行列之间交相呼应。《兰亭序》中的每一个“之”字都各有姿态，可谓一字一态，变化万千。从《兰亭序》通篇来看，点画的跳动犹如舞蹈，收放自如，被历届书家奉为圣品，誉为“天下第一行书”。

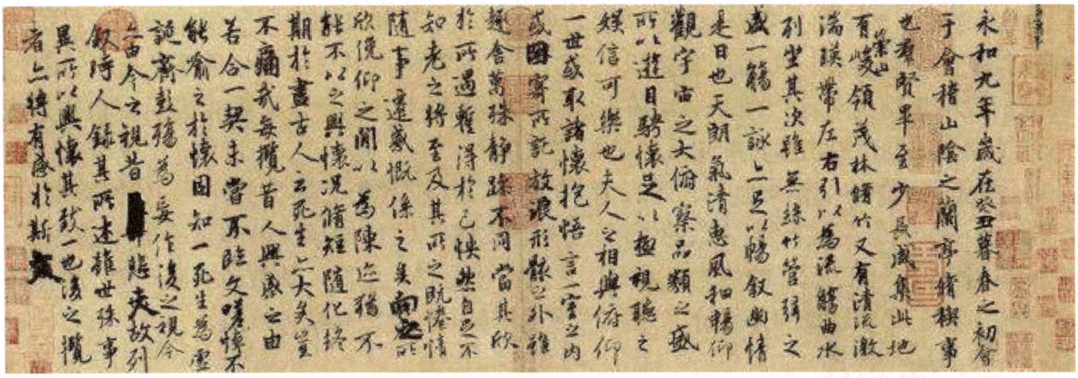

图3-18　王羲之《兰亭序》（局部）

凭此帖来观魏晋书法，笔画顿挫任意自然，整体布局天机错落，潇洒流利，体现了晋代书法艺术中“韵”的审美情趣。晋人尚韵，主要表现为自然天成、和谐畅达的柔性美，《兰亭序》完美地表现了对韵的审美追求。

我们对于《兰亭序》的欣赏，不能仅囿于字迹表面之美感，更应该充分理解和感受《兰亭序》的五大精髓。

（1）书法一定要合法而变，曲尽字态；

（2）建立美学范式；

（3）阴阳对比之妙是书法美学的核心，如大小、中侧、藏露、向背、偃仰、断连……体现出错落有致的中式哲学观；

（4）布白生动，气息灵动的“行气”，是对所有书体的要求；

（5）不激不厉的生活境界，不卑不亢的生命观。

以上才是《兰亭序》最厉害的地方，高于形态的价值所在。

（二）《祭侄文稿》

《祭侄文稿》（见图3-19）是唐朝书法家颜真卿的行书代表作，全称为《祭侄赠赞善大夫季明文》，现收藏于台北故宫博物院。

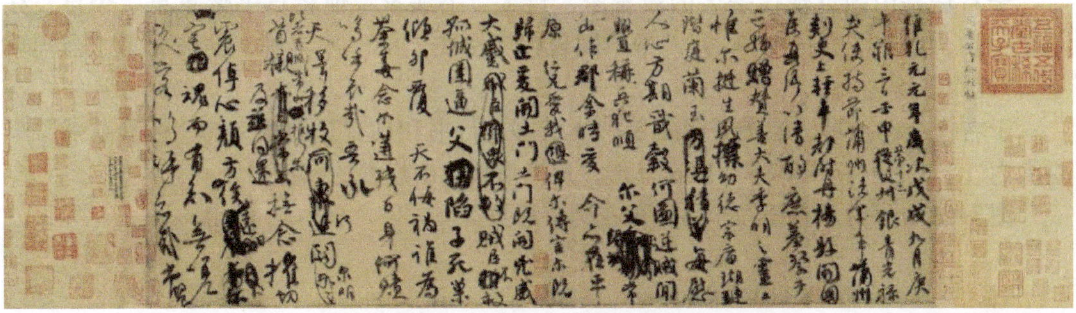

图3-19　颜真卿《祭侄文稿》

《祭侄文稿》是颜真卿为侄儿颜季明所作的草稿。这篇文稿记录了颜杲卿父子抵抗安禄山叛乱的悲歌事迹。文稿是颜真卿在极其悲愤的情绪下书写的，线条苍劲有力，一气呵成。此书笔墨的对比强烈，书家任由感情驱动，情不自禁，行文多有错误、涂抹，然不计工拙，亦能反映出颜真卿超凡的笔墨驾驭能力。

《祭侄文稿》字字饱含血泪，是真情书写的典范。王羲之《兰亭序》开一代妍美书法，《祭侄文稿》则开一代壮美书风的先河。《祭侄文稿》的价值早已经超出一般书法作品，它所折射出的忠贞之志、浩然之气及家国之情，亦是代代中国人致敬的一座丰碑。故《祭侄文稿》除了具有超高的艺术价值外，同时还具有史料价值和精神价值。

（三）《寒食帖》

《寒食帖》（见图3-20）又名《黄州寒食诗帖》《黄州寒食帖》，是北宋大文豪苏轼的行书代表作品。

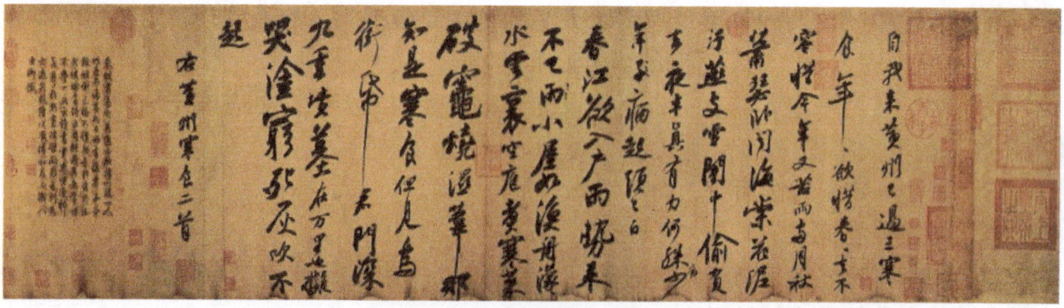

图3-20　苏轼《寒食帖》

《寒食帖》为苏轼的感兴之作，其用笔浓厚，线条浑厚有力。字势松紧自如，行文随着感情的递进，字的大小错落越发地强烈。通篇起伏跌宕，气势奔放。

《寒食帖》在书法史上具有非常大的影响，被称为“天下第三行书”，这也是苏轼的上乘书法作品。

二、近现代书法名作

于右任是中国近现代著名的教育家、诗人、书法家，他将草书熔章草、今草、狂草于一炉，创立了“标准草书”，是中国现代书法史上的一座丰碑，他被誉为“当代草圣”“近代书圣”。

于右任个性独具、雄奇开张的魏碑体楷书、行书和具有开创意义的“标准草书”享誉海内外。其字体沉雄其本，飘逸其形，逐渐形成自由烂漫的独特书风。

图3-21所示为于右任的作品《黄花岗诗册页》。

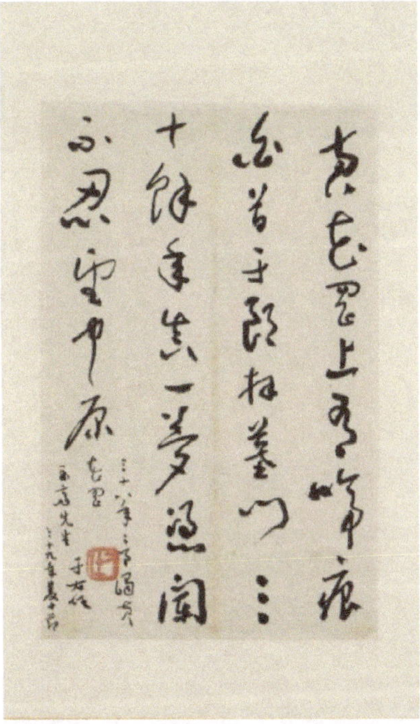

图3-21　于右任《黄花岗诗册页》

探索美

1. 利用网络资源查一查，除了本章所列的书法经典作品，还有哪些流传至今的书法经典作品。请尝试对作品进行赏析并向班级同学分享。

2. 组织一次学习成果展示会，每人临摹一幅名家书法作品或自主创作一幅书法作品，进行展示并互相点评。

思享汇

书法作为一种文化符号，具有强烈的思想引导的功能。通过书法创作，书法家可以表达自己对社会现实的关注与思考，传递正能量，引导人们形成积极向上的价值观念。例如，在古代，许多著名书法家都以“立身、立言、立事”为宗旨，他们在书法作品中融入了自己的政治主张和社会理想，以此来影响和启发读者。这些作品不仅仅是艺术上的精品，更是一种思想的表达和社会责任担当的体现。

第四章 袅袅兮余音：音乐之美

【名人名言】

我的科学成就很多是从音乐启发而来的。

——爱因斯坦

【学习目标】

1. 了解音乐艺术的起源与发展，体会音乐艺术之美。

2. 了解中国传统乐器分类及其特点。

3. 能够运用专业语言对经典音乐作品进行赏析，尝试演唱或演奏一首音乐作品。

第一节 认识美：中西方音乐艺术发展进程

一、中国音乐艺术发展历史

与西方音乐相比，中国古代的音乐在乐器样式、表现形式和音调种类方面有着截然不同的风貌。

（一）中国古代音乐艺术发展史

1. 远古及夏商时期

中国音乐起源于新石器时代，关于音乐的起源说法不一。远古及夏商时期人类音乐行为主要体现在生产劳动、狩猎活动、原始宗教和祭祀等方面。这一时期，音乐呈现出歌、舞、乐三位一体的特点。乐器大致可以分为吹奏乐器和击奏乐器两类，重要乐器有骨笛、骨哨和埙（见图4–1）。

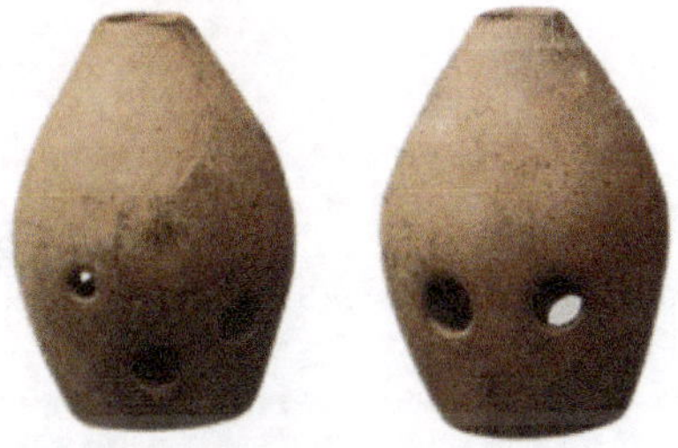

图4–1 埙

2. 周秦时期

周灭商后，建立第三个奴隶制王朝——西周，统治者为了巩固政权制定了一套森严的等级制度——礼乐制度，音乐成为阶级斗争的工具。到了春秋战国时期，民间的音乐文化呈现出前所未有的繁荣景象，出现了我国最早的诗歌总集《诗经》和我国首部浪漫主义诗歌总集《楚辞》。

周秦时期是中国历史上第一个音乐发展高峰时期。春秋战国时期，文化方面出现了“百家争鸣”的局面。该时期提倡音乐，认为“移风易俗，莫善于乐”，主要代表有充分肯定音乐的社会作用的儒家、主张“非乐”的墨家和主张“大音希声”的道家。这一时期出现了我国第一部较系统论述音乐与政治的关系，总结儒家音乐思想的论著——《乐论》。

3. 两汉三国时期

汉代是政治稳定、经济繁荣、音乐文化高度发展的时期。世俗音乐的发展和古琴等弦乐乐器的发展是这一时期音乐发展的主要特征。乐府是以采集改编民间音乐为主的音乐机构，其促进了民间音乐的发展。

4. 两晋南北朝时期

两晋南北朝时期是南北方音乐、少数民族与汉族音乐文化高度融合的时期。这一时期周边一些国家的歌舞乐和一些少数民族的乐器传入中原地区，与中原音乐文化融合，并被广泛使用。佛教音乐传入并与民间音乐相融合，形成了中国佛教音乐体系。这一时期，文人音乐中的古琴音乐得到了较快的发展。

5. 隋唐五代时期

隋唐五代时期的音乐文化主要以国泰民安、经济繁荣发展的唐代为代表。宫廷音乐和民间俗乐成为这一时期音乐发展的两大主流。上层社会的宫廷音乐以丰富的音乐形式和完善的音乐机构体系与下层社会多样的音乐形式遥相辉映，成为当时音乐社会两道靓丽的风景线。此外，这一时期的中外音乐文化交流、融合也达到了空前的高度。

6. 宋元时期

宋元时期随着工商业的发展与市民阶层力量的壮大，音乐文化出现了巨大转折——市民音乐走向繁荣。音乐艺术已具有商品经济的性质。宋元时期宋杂剧（见图4-2）、院本、南戏、元杂剧等戏曲艺术的确立和发展，替代了原来的歌舞艺术。关汉卿、马致远、郑光祖和白朴被誉为“元曲四大家”，关汉卿的《窦娥冤》、王实甫的《西厢记》、马致远的《汉宫秋》等掀起了我国戏曲艺术发展的第一个高潮。

图4-2 宋杂剧《打花鼓》

7. 明清时期

明朝戏曲和说唱等适用于市民生活的艺术形式在宋元时期的基础上得以进一步发展。戏曲音乐的发展是这一时期的主要特征，它不仅形成了海盐腔、余姚腔、弋阳腔和昆山腔“四大声腔”，在发展过程中又形成了梆子腔和京剧唱腔，同时带动了古琴、琵琶等乐器的发展，尤其是民间器乐合奏形式的发展。

（二）中国近现代音乐发展史

1. 中国近代的音乐

由于这一时期我国国门被迫打开，西洋音乐文化传入国内，我国的音乐文化产生了巨变。1919年之后，我国的革命逐渐进入由中国共产党领导、以工农联盟为基础的新民主主义阶段，随着新文化全面迅速地发展，各种传统文化也得到了发展。

（1）学堂乐歌

学堂乐歌是20世纪初我国学堂乐歌课所教唱的歌曲。学堂乐歌的内容大都反映了当时中国资产阶级及其知识分子要求学习西方科学文明，实现祖国“富国强兵”的资产阶级民主主义和爱国主义的思想。学堂乐歌标志着我国民主主义新文化在音乐领域的萌芽。

（2）汉族传统音乐

传统音乐是指有一定流传时间，不是当代创作的本土音乐，从时间上界定，其一般指清代之前的音乐。这一时期的传统音乐类型包括反映群众现实生活的民间歌舞；以北方的京韵大鼓、河南梆子，南方的苏州评弹、四川清音等为代表的说唱音乐；以谭鑫培、梅兰芳、程砚秋、周信芳等人为代表的京剧和地方小戏。

（3）声乐

中国近代创作的声乐作品是近代新音乐文化的主体。这一时期，声乐领域的成就主要体现在群众歌曲、独唱歌曲、合唱歌曲、电影、戏曲歌曲等几个方面。代表人物及其代表作品有黄自的《花非花》、贺绿汀的《游击队歌》、聂耳的《梅娘曲》、冼星海的《黄河大合唱》等。

（4）器乐

这时期的器乐创作分为中国传统器乐创作和西洋器乐创作两大类。中国传统器乐创作以二胡、琵琶、筝、笛子独奏音乐和合奏音乐的发展为主。西洋器乐创作以钢琴、小提琴独奏音乐和管弦乐队音乐的发展为主。

（5）新歌剧

19世纪末20世纪初，中国歌剧随着西方音乐的传入逐渐发展起来。五四运动以后，我国的音乐家尝试将西方歌剧体裁形式结合中国国情和民族审美习惯进行大胆创作。1942年，延安的文艺工作者站在新的角度、运用新的形式创作了大型歌剧《白毛女》，深刻地反映了当时社会现实生活，标志着中国歌剧的发展进入了一个新阶段。

（6）音乐教育、音乐理论和革命音乐运动

中华民国时期，音乐教育基本可分为普通音乐教育、社会音乐教育、师范音乐教育及专业音乐教育四种类型。这一时期，中国音乐界培养了冼星海、张曙、刘雪庵、贺绿汀、吕骥等杰出的音乐人才。中华民国时期，音乐理论成就主要体现为中国音乐新思潮、音乐美学以及中国音乐史学方面的成就，代表人物有黄自、青主和王光祈等。

这一时期兴起的群众性革命音乐运动有工农革命音乐运动和抗日救亡歌咏运动。代表人物及代表作有冼星海的《救国军歌》、贺绿汀的《游击队歌》、张寒晖的《松花江上》等。

2. 中国现代的音乐

1949年10月1日，中华人民共和国成立，标志着中国人民的新民主主义革命取得了重大胜利。中国音乐的历史也进入一个前所未有的崭新阶段，并揭开了更加璀璨的新篇章。

（1）歌曲创作

中华人民共和国成立以后，歌曲创作的内容和形式为重大的社会变革所制约。

这一时期，有王莘的《歌唱祖国》等具有强烈的群众性、思想性和艺术性的歌曲，有李劫夫的《我们走在大路上》等表现举国人民面对困难团结一致、奋勇前进的革命意志歌曲，有施光南的《打起手鼓唱起歌》等感情真挚、具有艺术感染力的作品，有谷建芬的《年轻的朋友来相会》等表现社会主义现代化建设的优秀作品，还有王世光的《长江之歌》等表现爱国主义和歌颂民族精神的作品。

二十世纪五六十年代，随着我国音乐教育事业和音乐表演艺术事业的发展，合唱艺术及其创作有了一定物质基础和条件，许多作品以其鲜明的时代特征、浓郁的民族色彩、强烈的生活气息和动人的音乐形象，表现出较高艺术水准，其中一部分作品还走上了世界舞台，如《祖国颂》等。

（2）器乐曲创作

中华人民共和国成立后，我国民族器乐创作作品多是一批民族器乐演奏者所创作的，如笛曲《帕米尔的春天》等，二胡曲《战马奔腾》等。其数量之多、质量之高都是过去所不能比拟的。西洋乐器独奏曲创作方面以钢琴、小提琴的创作为主，并产生了一些优秀的作品，如钢琴曲《红色娘子军》等。这一时期以《梁山伯与祝英台》为代表的一大批优秀作品，向人们展示了中国交响音乐由起步到发展的过程。

（3）歌剧和舞剧创作

中华人民共和国成立后，我国的歌剧有了很大的发展，歌剧音乐在继承传统和借鉴外国歌剧的成功经验方面做出了一些新的大胆的尝试，并出现了一大批以反映中国人民革命和建设精神为内容的优秀歌剧，代表作品有《江姐》等。我国当代的舞剧音乐是在继承我国各民族舞蹈的优秀传统和借鉴欧洲芭蕾舞传统的基础上创编出来的，其形式有歌舞剧、舞剧和芭蕾舞剧。这一时期比较突出的作品有芭蕾舞剧《红色娘子军》《白毛女》等。

知识链接 **中国少数民族民歌**

我国少数民族众多，民歌品种浩如烟海，如：蒙古族的长调、短调；藏族的山歌、箭歌和酒歌；哈萨克族的冬不拉弹唱；朝鲜族的农谣和抒情谣；土家族的哭嫁歌；苗族的飞歌；彝族的“四大腔”；等等。

二、中国传统乐器

我国民族器乐的历史十分悠久，周朝文献记载了70多种乐器，它们主要以乐器材质划分为金、石、土、革、丝、木、匏、竹。目前，传统民族乐器按照演奏方法大体上可以分为吹管乐器、弹拨乐器、拉弦乐器、打击乐器四大类。

（一）吹管乐器

图4-3　骨笛

据考古发现，河南舞阳县出土的贾湖骨笛（见图4-3）是迄今为止发现的最早、保存最为完整的管乐器，距今已有8700多年的历史。早在春秋时期《诗经》中就记载曾用到箫、管、籥、埙、篪、笙等乐器。中华人民共和国成立以来，吹奏乐曲主要以笛、笙、唢呐三种流行最广。

1. 笛

笛，俗称“笛子”（见图4-4）。笛子的表现力非常丰富，既能表现辽阔的情调，也可以奏出欢快华丽的舞曲和婉转优美的小调，此外还可用于模仿大自然中的各种声音，是我国传统乐器中广为流传的吹奏乐器。

图4-4　笛子

2. 笙

1978年中国湖北省随县曾侯乙墓出土了距今2400多年的几支匏笙——我国发现最早的笙。笙（见图4-5）以簧、管配合振动发声，簧片能在簧框中自由振动，是我国古老的簧管乐器，也是世界上最早使用自由簧管的乐器。笙既是独奏乐器又是合奏乐器，它音色甜美、和谐、丰满，演奏技巧丰富、独特，在我国民族乐器中占有重要的地位。

3. 唢呐

唢呐（见图4-6）又名喇叭，是中国具有代表性的民族管乐器，唢呐古时候又称锁呐、苏尔奈，原是波斯乐器，随丝绸之路的开辟传入中国，先为军中之乐，后传入民间。其音色雄壮，音量较大，声音具有穿透力、感染力，个性较强，富于表现力和喜庆色彩。唢呐可用于模拟飞禽走兽之声，在民间很受欢迎，其中传统曲目《百鸟朝凤》可谓家喻户晓。中国的民间乐器丰富多彩，其中乡土气息浓厚且广受老百姓欢迎的，首推唢呐。

图4-5　笙

图4-6　唢呐

（二）弹拨乐器

1. 琵琶

在现代乐器分类法中，琵琶（见图4-7）属拨奏弦鸣乐器。琵琶音色清澈明亮，其因演奏技艺要求高和曲目丰富而在我国民族乐器中占有重要地位。在隋唐之前，琵琶泛指所有两只手抱弹的乐器。其名是根据演奏这些乐器的右手技法而来的。今之琵琶，是隋唐前后从西域传来的。《隋书·音乐志》记："今曲项琵琶、竖头箜篌之徒，并出自西域……"隋唐时，曲项琵琶是当时歌舞音乐中的重要乐器。

琵琶弹奏手法中，向前弹名曰"批"，后挑曰"把"，因而得名"批把"，又因其以弹碰琴弦的方式发声，因此古人以"珏"赋其声形，表琴弦拨弹悦耳之意，得名"琵琶"。

由于琵琶的表现技法相当丰富，它高音区音色明亮，中音区音色圆润动听，低音区音色结实醇厚，在表达情感方面极具表现力。许多耳熟能详的名曲都是由琵琶单独演奏的，如《十面埋伏》《霸王别姬》《月儿高》《春江花月夜》。

2. 古琴

古琴（见图4-8）又称瑶琴、玉琴、丝桐和七弦琴，是中国传统拨弦类弦鸣乐器，有3000多年的历史，被誉为"琴棋书画"四艺之首，和中国的书画、诗歌以及文学一起成为中国传统文化的承载者。

图4-7 琵琶

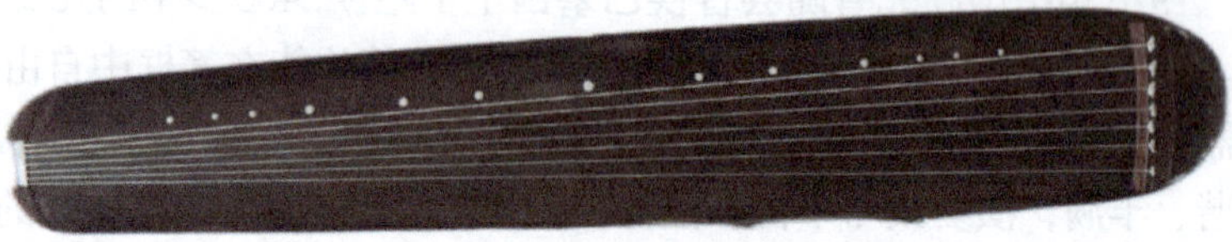

图4-8 古琴

古琴大多在文化层次较高的士大夫阶层中流传，因此它与中国传统的审美活动结合紧密，较深刻地体现了中国传统文化的哲学观念、审美情趣，在表现意境、讲究韵味，追求古朴典雅、清渺淡远的精神境界方面有独到之处。

3. 古筝

古筝（见图4-9），又名筝、汉筝、秦筝、瑶筝、鸾筝，早在战国时期已经广为流传，是中国独特的、重要的弹拨乐器之一，距今已有2000多年的历史。它的音色优美动听，音域宽广，演奏技巧丰富，表现力极强，具有古朴雅致、浓郁的民族特色，被称为"众乐之王""东方钢琴"，是中国独特的、重要的民族乐器之一，深受广大人民群众的喜爱。古人曾用"弹筝奋逸响，新声妙入神""座客满筵都不语，一行哀雁十三声"描绘古筝的演奏艺术，悠扬的筝声如泉水倾泻，古朴雅致，意境悠远。中国传统的古筝独奏名曲《渔舟唱晚》，极富诗情画意，听者仿佛能看到夕阳下的湖光山色、渔人唱和。

图4-9　古筝

（三）拉弦乐器

二胡（见图4-10）是中国历史悠久且流传较广的拉弦乐器，最早起源于隋唐时的奚琴，由于其音色圆润、婉转，音域宽广，技法高深，因此被大量应用于戏曲歌舞说唱伴奏、器乐合奏及独奏中，是我国民族、民间音乐艺术形式中很重要的伴奏乐器和主奏乐器。二胡经历了多元文化的撞击和融合，在传承和演进中，成为今天这样一种旋律性强、富于歌唱性，音色悠远柔美、表现力强、民族风格浓郁，深受大众喜爱的乐器。在漫长的音乐历史中，我国的民间艺人大都以口传心授的方式传授技艺，有些则世代相传，衍展成派，比如二胡演奏家阿炳就是随其父华清和学习二胡、琵琶等乐器，留下了《二泉映月》这样的传世之作。

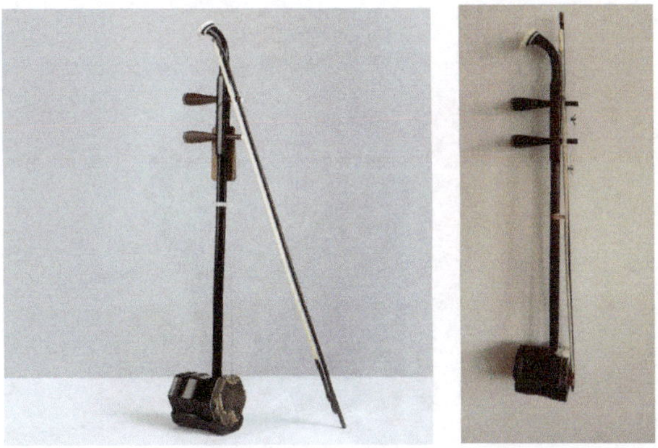

图4-10　二胡

（四）打击乐器

1. **编钟**

编钟是中国古代的一种大型打击乐器，兴起于西周，盛于春秋战国直至秦汉。

湖北省随县出土的战国早期的曾侯乙墓编钟（见图4-11），是中国首批禁止出国（境）展览文物。它高超的铸造技术和良好的音乐性能，改写了世界音乐史，被中外专家、学者称为“稀世珍宝”。

图4-11 曾侯乙墓编钟

在古代，编钟是上层社会专用的乐器，是等级和权力的象征。在现代，编钟体现的是中国历史的宏大与厚重。

2. 鼓

在古代，鼓（见图4-12）不仅用于祭祀、乐舞，还用于打击敌人、驱除猛兽，并且是报时、报警的工具。随着社会的发展，鼓的应用范围更加广泛，戏剧、曲艺、歌舞、赛船、舞狮等都离不开鼓类乐器。

图4-12 鼓

鼓的结构比较简单，由鼓皮和鼓身两部分组成。鼓皮是鼓的发音体，通常是用动物的皮革蒙在鼓框上，经过敲击或拍打使之振动而发声的。

中国鼓类乐器的品种非常多，有腰鼓、大鼓、铜鼓、花盆鼓等。

鼓文化与中华文明相伴而生数千年，其所承载的精神内涵已经远超其作为乐器的用途。先贤孔子曾说过“鼓之舞之”，可见“鼓舞”一词起源之早。

如今的中国鼓，已然有数十个鼓种。例如，寄寓人们对太平盛世、五谷丰登的向往的“太平鼓”；展现黄土高原气概、西北农民豪迈性格的“安塞腰鼓”；豪迈大气的河南开封“盘鼓”、陕北洛川“蹩鼓”；小型多样、灵活纤巧，并带有演绎情节的南方鼓舞——安徽“凤阳花鼓”、江苏“渔篮花鼓”、湖南“地花鼓”等。

在2008年北京奥运会闭幕式上，200名身着红衣的鼓手组成圆形鼓阵舞动击鼓，在鼓点的律动中，全球观众见证了这场无与伦比的奥运盛会的完美落幕。中国鼓彰显了中国作为一个拥有悠久历史的文明古国应有的风度与大气。

3. 锣

锣（见图4-13）用铜等冶炼而成，属于金属体鸣乐器，结构简单，无固定音高。锣音响洪亮而强烈，余音悠长。

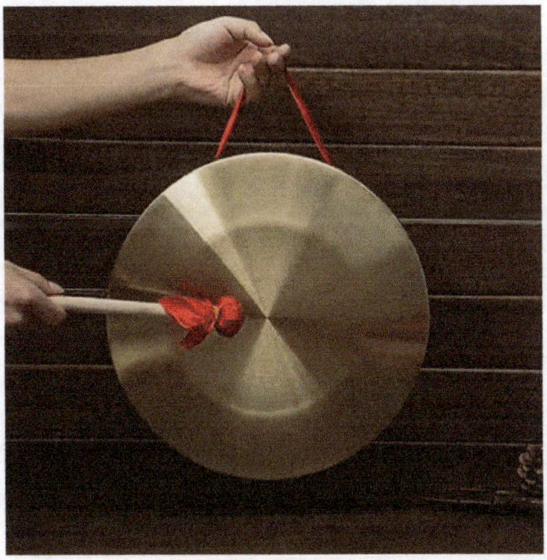

图4-13　锣

锣不仅在民族乐队、民间器乐合奏、戏曲、曲艺以及歌舞伴奏中使用，而且也是庆祝集会、赛龙舟、舞狮子、欢庆丰收和劳动竞赛中不可缺少的乐器。

知识链接

1. 近代中国器乐合奏曲

近代的中国器乐合奏曲作品以聂耳的《金蛇狂舞》《翠湖春晓》，任光的《彩云追月》等最为有名。

2. 近代丝竹乐

近代丝竹乐主要流传在我国南方，乐种有江南丝竹、广东音乐、福建南音、潮州弦诗及云南丽江的白沙细乐。

三、西方音乐艺术发展历史

西方音乐起源于古希腊爱琴文明，后又经历了千余年的中世纪时期，最终迎来了大师频出的古典、浪漫主义辉煌时代。到了近现代，音乐多元化使得人们在纷繁复杂的音乐世界里有了更多的选择。

（一）古希腊到文艺复兴时期的音乐

1. 古希腊音乐

古希腊音乐大致可追溯至迄今5000多年前，当时的古希腊人认为音乐是太阳神阿波罗和九位缪斯女神（见图4-14）创作的，“music”音乐一词就是从“muse”（缪斯）演变而来的。古希腊音乐是诗、乐、舞三位一体的音乐艺术。

图4-14 [法]安格尔《缪斯女神的诞生》(局部)

2. 中世纪音乐

公元前476年，西方历史进入了长达千年之久的中世纪时期。这一时期基督教开始占据人们的精神世界。当时的教会在政治、经济、文化等方面具有重要地位，音乐服务于宗教，整个中世纪艺术充斥着浓郁的宗教色彩。

3. 文艺复兴时期的音乐

文艺复兴时期提倡个性自由，强调人的价值。这一时期宗教音乐和世俗音乐已平衡发展，音乐的表现力大大提高，音乐创作手法不断创新。宗教改革和反宗教改革运动对音乐发展产生了较大的影响，弦乐器、管乐器和键盘乐器的分类也标志着乐器发展日趋完善。

（二）巴洛克时期的音乐

巴洛克一词原意指不规则的珍珠，最早用于建筑风格，后人们把这一时期的音乐称为巴洛克音乐。这一时期欧洲各国的宫廷成为音乐发展的中心，教堂音乐的重要性逐渐减弱。歌剧的诞生标志着巴洛克时期的开始。

（三）古典主义时期的音乐

古典主义时期是西方音乐发展的高峰，18世纪，欧洲艺术与音乐发生了巨大变化并走向繁荣。18世纪，音乐生活进一步世俗化、民众化，音乐从教会、宫廷走向市民生活。专供市民欣赏娱乐的音乐会开始繁荣起来，听音乐会也成为一种时髦。

（四）浪漫主义时期的音乐

浪漫主义时期的音乐随着浪漫主义文学而产生，这一时期音乐家们开始强调个人主观体验，追求新的理想，阐发新的艺术观念，表达自我情感以及表现出对本民族音乐的浓厚兴趣。不同作曲家作品风格大相径庭，追求个人主观色彩和理想主义成为这个时代的主流，这一时期出现了诸多音乐巨匠。民族主义乐派是浪漫主义音乐的一个分支，代表人物有俄国的柴可夫斯基、格林卡，波兰的肖邦，捷克的斯美塔那等。

第二节　剖析美：音乐艺术的审美特征

音乐作为一门古老的艺术，以其独特的魅力和审美特征给人们带来精神享受。音乐是一门听觉艺术，它表达了人类主体在声音的不断起伏和不断前进过程中的审美情感。当我们感受音乐时，我们必须先了解音乐的元素和表达方式，才能享受美。那么，了解音乐艺术的审美特征，将是我们理解音乐的基础。

一、听觉赋予的美感

"聆听"是我们接触音乐的第一步。同时，我们也通过聆听对接触到的音乐留下了第一印象。这里的"听"包括听的整个过程。因此，要了解音乐的特点，首先必须了解听觉带给我们的一切表象和内涵，这样才能从最低的审美层次走向高级的审美层次。

1. 听的重要性

听觉对音乐来说是不可或缺的，它将有助于我们在第一时间判断音乐旋律。

听觉是仅次于视觉的重要感觉通道，对于不可视的音乐艺术来说它就是最重要的。我们通过听觉来实现对音乐的接触，离开了听觉，很难谈得上欣赏音乐。所谓音乐的外部听觉，是指外部声音对人类听觉器官的刺激。通过大脑的处理，我们将对音乐产生个人属性反应。音乐的外部听觉是产生音乐感觉的基础。

对于音乐艺术来说，无论是获得外部听觉还是形成内部听觉，我们必须做的就是"聆听"。因此，听觉无疑是音乐美学中最关键的部分之一。

2. 听觉引起的感知

对音乐作品所传达的思想进行思考是由听觉引起的艺术感知。它是一种越来越活跃的音乐审美心理活动。

音乐艺术是一门参与性的艺术。要欣赏它的艺术境界，就必须通过听觉将审美主体融入主观情感和思想活动中。

二、节律赋予的美感

赋予我们美感的主要是音乐的构成要素。通过对节奏、旋律等的识别和理解，我们可以感受到音乐美的意义。

美妙的音乐是伟大的，因为它往往具有独特的节奏和优美的旋律。这些独特的节奏和优美的旋律虽然是一种简单的声音组合，但是它们往往以创造性的方法来实现。

节奏是指音符时值的长短关系和力度强弱关系的组合。或者说，它是以节拍和速度为条件，各类时值在一定节拍和一定速度的制约下，所形成的有机组合。节奏是包括旋律、和声在内的音乐三大要素中最重要的表现手段之一。节奏对其他音乐要素起着组织作用，它作为旋律的支撑骨架伴随始终。

节奏对塑造音乐的主题形象至关重要。变化的节奏会产生不同的效果。即使是同一首曲目，在演奏时也会因节奏不同而给人不同的感受，节奏可以及时改变主题形象的特点，增加音乐的趣味性。节奏的变化使听众意识到主人公的不同情绪，也使听众的情绪随着音乐的变化而波动。

节奏在音乐中的功能和作用是任何其他元素都无法替代的，它的变化往往能使音乐反映出不同的情感。

旋律的形成离不开音高线。音高线是旋律线，是旋律中音高运动的方向。音高由低到高给人一种渐渐清晰和兴奋的感觉。

旋律也会受到节奏的制约，生动的节奏会使旋律更具情感性。虽然我们往往更注重旋律的表现而忽视节奏，但真正旋律的形成离不开节奏的支撑。因此，在这里，旋律和节奏不应该分别分析，而应该把它们作为一个整体来看待。当然，作为聆听者，如果深刻理解旋律的特点，就会更容易区分音乐的特点。

三、情感赋予的审美想象

在音乐中，我们可以利用丰富的联想和想象力来欣赏生活的真正意义。但激发联想和想象的前提是音乐中要有情感的传达。任何没有情感的音乐都无法呈现音乐艺术的独特美，也无法满足人们希望在音乐中被满足的精神需求。

1. 音乐的抒情特性

音乐是抒情的，它用来表达人们的思想感情。人们对音乐美的体验和态度，实际上是由音乐所传达的情感产生的。所以，音乐是抒情的，没有情感的音乐不可能成为先进的艺术，也不可能存在。

2. 旋律带来的联想

音乐的情感需要被感受。在感受中，我们展开想象的翅膀，在心中创造世界，感受音乐的美。在音乐中，能让我们联想到的元素是旋律。旋律是音乐中思想情感的载体。不同的旋律有其丰富而独特的情感。

综上所述，音乐艺术的魅力在于其独特的审美特征。探索音乐的审美特征，我们不仅可以充分理解音乐艺术的价值，而且可以认识到音乐对人们的意义。

第三节　赏析美：经典音乐作品赏析

在欣赏一部音乐作品之前，首先，欣赏者需要了解这部作品的创作背景；其次，欣赏者需要了解这类音乐体裁的特征；最后，在听的过程中，欣赏者可以带着问题有目的地欣赏，试着去感受音乐作品的结构美。了解以上之后，就可以聆听音乐了。

作曲家在作品中会运用各种表现手法来传达他们内心的想法以及刻画不同的音乐形象。同样，欣赏者也可以通过分析一些音乐的基本要素来把握作品整体的方向，理解各种交织的音乐元素所组成的音乐语汇，例如音乐旋律，音乐和情感的走向都是在旋律中体现出来的。作曲家用不断上扬的旋律来表达情绪的高昂，或用波动的旋律表达情绪的起伏不定。欣赏者可以运用画线条的方式来描述听见的主奏乐器演奏的旋律走向，从而直观地看出一部音乐作品的旋律起伏。再如，速度和节奏可以准确地传达出一部音乐作品的主要风格。欣赏者要着重体会作品展现的速度和高频率使用的节奏种类。欣赏者还可以通过聆听各种乐器音色的变化，了解作曲家运用乐器来表达情绪的手法，体会音乐作品的情感。

一、西方经典音乐作品

音乐艺术被视为人类创造力的杰作，其中歌剧更是被观众热爱的一种音乐表演形式。莫扎特这位杰出的作曲家，终生致力于创作丰富多样的音乐作品，其内容涵盖广泛。在创作过程中，莫扎特吸纳了18世纪欧洲流行的多种艺术表现手法，成为歌剧界最聪明、最独特的天才之一。《费加罗的婚姻》是莫扎特众多知名歌剧作品中的一部，被誉为“史上最完美的歌剧”。莫扎特用他富有魔力的音乐将紧凑的剧情、欢乐诙谐的场面与剧中每个人物性格的刻画完美结合，整体风格明快幽默、情节曲折生动，虽然是反对封建的严肃主题，却具有强烈且极富张力的喜剧效果，因而这部歌剧成为音乐史上最成功的歌剧之一。图4-15所示为《费加罗的婚姻》剧照。

（一）《费加罗的婚姻》音乐特点分析

首先，音乐组织形式多样化。该歌剧不仅体现了典型歌剧音乐的抒情功能，还将歌词与曲调紧密结合，在音乐组织形式上变化多样。在演唱过程中，多声部交织普遍存在，各个声部、旋律线条相互叠加，使整部歌剧旋律丰满，层次鲜明。莫扎特巧妙运用剧情表现不同角色的性格和心理，以抒情的形式描绘人物内心的想法。歌曲演唱过程中综合利用了模仿、对比、对话等音乐元素，使音乐与歌剧元素完美结合，使整部歌剧更加丰满，同时音乐组织形式多样化，为观众带来极佳的视听感受。

图4-15 《费加罗的婚姻》剧照

其次，多声部处理灵活。在《费加罗的婚姻》中，莫扎特灵活运用多声部编排技巧，重唱是其独特之处。在重唱过程中，每个声部都呈现着独特的音乐风格，莫扎特则巧妙地处理了多声部交织的复杂问题。这部歌剧中，从二重唱到七重唱等多种声部组合形式都得以展现。除了独立的重唱段落外，歌剧尾声处还呈现出递增或递减的多轮重唱。此外，在声部搭配上也充满了变化与灵活性，既有单一声部的独奏表演，也有男中音、男低音、男高音和女高音之间不同音色和音域的融合。这使得歌剧在处理声部上显得极为巧妙灵活。此外，音乐语言的转变也在突显角色个性、推动情节发展方面扮演着至关重要的角色。错落有致、交叉穿插的声部编排使得该歌剧的重唱展示出强大而魅力十足的艺术氛围，将歌剧形式美和戏剧美完美地统一于其中。

最后，节奏紧凑而明快。这种独特的音乐结构为整个喜剧剧情的推进提供了坚实基础。为了更好地展现剧目本身的幽默性，该歌剧在艺术风格处理上注重在情节交替处采用紧凑的节奏。莫扎特通过跳跃的旋律和愉快的音符，将令人发笑的场景和情绪激烈冲突的场面展示出来。尤其是结合不同角色的性格特点，处理节奏速度使得戏剧本身充满张力，角色演绎所展示出来的情感也更加丰富。例如，在费加罗和苏珊娜两位角色进行二重唱时，第一部分采用小快板速度以4/4拍进行编排，充分展现了他们对即将到来的幸福生活的憧憬。从音乐中，观众能够感受到他们心中的欢快和浓厚爱意。而在第二部分中，苏珊娜对伯爵行为表示怀疑，而费加罗却没有察觉到问题的所在。因此，这一段以2/4拍的快板速度开始，并穿插了一些空拍节奏，巧妙地表现出他们意见的不同以及费加罗内心的焦急。到了第五部分，苏珊娜与马斯琳娜之间的矛盾冲突不断升级。在这个阶段的二重唱中，莫扎特运用了三连音式节奏变化和口令式歌唱方式，展示了人物坚定而机智的性格特点，并与整个歌剧主题相得益彰，更好地展现了苏珊娜这一角色形象的丰富多彩。

（二）《费加罗的婚姻》情感结构的特殊性

研究歌剧《费加罗的婚姻》中情感结构的特殊性，可以从分析作品中各个角色的咏叹调入手。首先要明确的是，咏叹调是为单一声音而创作的声乐作品，配有伴奏，对应歌剧人物的戏剧性独白。在传统歌剧艺术中，咏叹调被认为是最具艺术魅力的声乐表现形式之一。而《费加罗的婚姻》中的咏叹调以其抒情性而闻名，在很大程度上展现了角色内心深处的情感。

歌剧开始时，费加罗和苏珊娜合唱“假如伯爵夫人在夜间呼唤你”。根据剧情设定，两人正准备步入婚姻。身为阿勒玛维伯爵家的仆人，他们正在布置一个新居室，在结婚后将在此居住。费加罗显然对这个新房间非常满意，但苏珊娜立即指出了伯爵对她过分关注的迹象。苏珊娜向未婚夫表达了她的担忧，担心他们的房间离伯爵居住的地方太近。为了真实地表达他内心的情感，费加罗演唱了一首咏叹调，通过这首咏叹调，我们可以感受到费加罗从苏珊娜口中得知伯爵对她抱有不良意图时的心情。此刻，年轻而愤怒的费加罗充满了怨愤，并想要教训一下伯爵。然而，在歌剧中，费加罗只是一个仆人，与伯爵产生正面冲突是不合适的。这首咏叹调非常具有代表性，展现出了男性角色在自尊和权力之间矛盾纠结的心理。

二、中国经典音乐作品

（一）二胡独奏《二泉映月》

拓展学习

《二泉映月》是由民间音乐家阿炳（本名华彦钧）创作的一首深受人们喜爱、充满艺术魅力和浓郁民族特色的二胡独奏曲。这首乐曲以激动人心的情感和优美旋律，在世界音乐史上留下了辉煌的一页。《二泉映月》表现出来的旋律清新朴实，音乐形象深邃而典型。它以阿炳故乡无锡惠泉山中“天下第二泉”在月夜下的景象为背景，诉说着阿炳在旧社会的苦难遭遇，抒发了辛酸悲抑之情。这首曲子寄托了阿炳对美好生活的向往和渴望，并展示了他坚强不屈的精神，具有深刻的社会意义和丰富的思想内涵。

1. 变奏旋律与情感共鸣

《二泉映月》中，第一主题由二胡在低音区奏响，沉郁而压抑，将阿炳内心起伏的郁闷情绪展现得淋漓尽致。第二主题与第一主题形成鲜明对比，旋律不断冲击向上，并运用多变的节奏表达对旧社会的激烈控诉，彰显了作者不甘屈服的个性。这两个主题共进行了五次变奏，在第一次变奏中对每一个主题进行了压缩；在第二次变奏中大幅度扩充了第二主题，使其充满激动之情且富有力量；在第三次变奏中旋律回旋迂回、平缓流畅，为高潮做准备；而在第四次变奏中，第二主题如层浪叠涌般展现出阿炳内心积愤尽情迸发之态势；在第五次变奏中，在高音区突然停顿之后下沉至全曲最低音开启尾声，给人一种意犹未尽的感受。乐曲的旋律运用了中国民间音乐特有的连绵起伏的乐句以及同音承递的技巧，使得音乐呈现出流畅而动听的美感，仿佛是讲述不完的苦情故事、流不尽的辛酸泪水，引发人们对世间凄苦的悲伤之感。此外，乐曲还表达了深沉中蕴含朴素、感伤中显见刚毅等矛盾并存之美，令人动容至深。这样一首充满民族风格和气派的二胡曲目怎能不使人陶醉其中、百听不厌呢？更重要的是，这首曲目注重描绘情感深邃并追求传神效果，在启发人们联想与回味方面具有卓越成就。

2. 典型鲜明的音乐形象

《二泉映月》运用了白描式的表现手法，生动勾勒出了阿炳这位盲艺人的形象。阿炳幼年时失去母亲，中年时双目失明。在双目失明后，他无以维持生计，只能在街头卖唱，经历了一系列人生坎坷。然而，这首乐曲不仅描绘出了一个忧郁、苦闷、受屈辱的盲艺人形象，同时也展示了一个不向邪恶低头的民间艺人形象，他用自己手中唯一的"武器"——音乐，勇敢地向不公平的世界发声，整个乐曲情感起伏跌宕、扣人心弦。

3. 饱满的情绪表达

作品中的情绪从徐缓逐渐转为激动，声音由低到高，音域也逐渐变宽，这种大幅度的音域变化传达出阿炳内心的不平和怨愤。在变奏过程中，情绪随着音乐的推进持续上升，并在第二次变奏中达到高潮。第三次变奏仿佛是激烈情感宣泄后的低谷，预示着下一次更为强烈的爆发。音乐通过八度大跳和88度强奏，将阿炳心头积压的愤慨之情完全释放，使每位听众都深受其震撼。

该作品低音音色轻柔而强烈，曲调优美而稳重，微带闲情，潇洒自如，速度节奏均较平和；中、高音区音色明亮刚劲，旋律亦多刚直，奏法劲健，情绪激昂。

（二）小提琴协奏曲《梁祝》

小提琴协奏曲《梁祝》，是我国引以为傲的杰出音乐作品之一。它巧妙地融合了叙事性和抒情性，将我国著名的民间爱情故事与音乐完美结合，独具民族特色，并呈现出鲜明的东方风格。同时，它也吸收了西方艺术元素，成为一部跨越时代的音乐佳作。近年来，小提琴协奏曲《梁祝》的影响力不断扩大，在世界范围内广泛传播。其艺术价值已经被国际社会公认，并成为中国与西方文化交流融合的典范之一。小提琴协奏曲《梁祝》如彩蝶般在国际乐坛中展翅飞舞，向世界展示了中华民族独特的音乐魅力。

1. 越剧音调的融入

小提琴协奏曲《梁祝》在创作过程中不仅借鉴了民间传说，还巧妙融入了越剧的音调进行艺术再创作。这样的处理使得梁祝这个爱情故事更加生动动人。协奏曲中，特别突出了江南地区清幽婉转的风情，减弱了西方交响乐中庄重严肃的感觉。尤其在表达爱情主题时，越剧元素与之相互辉映，起到了关键性的作用。引入越剧元素主要是因为创作者之一何占豪深受家人影响并从小接触越剧艺术。何占豪曾经在浙江省越剧团乐队工作，这段经历让他对越剧有着更加深入的理解和认识，并为后来《梁祝》的创作打下坚实基础。

2. 民族性特点

小提琴协奏曲《梁祝》这部音乐作品以我国民间四大传说之一为音乐素材，因其坚实的群众基础而备受赞誉。其以单乐章协奏曲形式呈现，每个部分都有相应的小标题，展示了精彩的故事情节和高超的冲突处理技巧。在叙事手法上，其借鉴了我国传统越剧的表现方式，同时融合越剧特有的音腔唱法，并运用诸如二胡、琵琶、古筝等多种民族器乐演奏技巧。可以说，小提琴协奏曲《梁祝》展现出了“越是民族的，越是世界的”的风采。

小提琴协奏曲《梁祝》内容扣人心弦，综合运用了交响乐与我国民间戏曲音乐的创作手法，被公认为是“一个民族在艺术上走向成熟的标志”。

（三）合唱作品《黄河大合唱》

《黄河大合唱》是一部大型合唱声乐套曲，词曲作者分别为光未然和冼星海，创作于1939年。这部作品是冼星海的杰作，他是无产阶级革命音乐文化的奠基人。整曲包含八个乐章，每个乐章以配乐朗诵开头，形成了独立而又对比鲜明的演唱形式、表现内容和音乐形象。作品以强烈的时代精神和浓厚的生活气息为基础，呈现出丰富多变、生动有力的节奏。作品主题围绕着抗日和爱国展开，各乐章交替发展，使整个作品具有高度统一性，讴歌了中华儿女不屈不挠、保卫祖国的必胜信念。

探索美

1. 音乐是一种艺术，更是一种文化载体。中国音乐文化历史源远流长，在长期发展的过程中形成了丰富多彩的艺术形式。新时期的大学生应该更好地弘扬我国传统文化，提升文化自信。希望同学们能够欣赏几首我国经典音乐佳作，感受经典音乐带给我们的心灵震颤。

2. 组织一次“经典永流传”的音乐实践活动，鼓励爱好音乐的同学表演一段自己喜欢的经典作品。

思享汇

音乐作为一种艺术形式，不仅能够带给人们美的享受，还能表达和传递思想。音乐可以引发人们的共鸣，激发人们的情感和思考。同时，音乐也具有培养审美情趣和思辨能力的功能。因此，音乐在传承和发展文化的同时，也具有重要的思想启迪功能，为社会的进步和人类精神境界的提升做出了宝贵的贡献。

第五章 妙手丹青来：绘画之美

【名人名言】

美术所以能产生科学，全从“真美合一”的观念产生出来。他们觉得真即是美，又觉得真才是美，所以求美，先从求真入手。

——梁启超

【学习目标】

1. 了解中国绘画艺术的独特美学趣味。
2. 了解国外绘画的发展以及种类。

第一节 认识美：画之印象

一、中国绘画艺术发展历史

从有据可考的历史来看，艺术的各式形态伴随着中国文明发展的各个时期而发展。以绘画这种艺术形态为例，画作中体现出来的深厚的人文主义情怀让观者产生深切的共情，并为之深深吸引。实用的陶器上印着精美的图案，如图5-1所示，这反映着中华民族最早对美的探寻与向往。

图5-1 人面鱼纹彩陶盆

商周时期，社会发展逐渐稳定下来，城邦和阶级也慢慢有了固定的形态，艺术的价值更多体现为维护阶级的形象及利益。青铜器作为当时主要的艺术表现载体，器形多样，包括鼎、爵、觚、壶、簋等，其中最具代表性的是鼎，鼎通常呈三足或四足，有很强的稳定性，造型庄重肃穆。青铜器的纹饰种类繁多，包括动物纹、几何纹和人物纹等。青铜器制作需要历经多道工序，每道工序都有严格的标准和规范，因此青铜器的形制都比较规整，纹饰线条清晰流畅，形制简洁，给人庄重威严之感，具有独特的美感和装饰效果，一定程度上也反映出当时社会中的阶级不可侵犯的风气。青铜器不仅是商周文明的记录者，还是中国古代艺术的杰作。

秦汉及魏晋时期，艺术的形态逐渐丰富。汉代的画像砖，描绘着像农业劳动、宴乐百戏等丰富多彩的社会生活场景，装饰在屋檐上的各式汉瓦当点缀着人们的生活。

杰出的画家和绘画理论家顾恺之出生于东晋时期，他最擅长人物肖像画。顾恺之的《女史箴图》是中国绘画史上早期人物画中的杰作，在中国绘画史上有着极高的地位。原作已佚，现存的《女史箴图》虽为后世摹本，但仍可从中看出他春蚕吐丝般的游丝描法中所蕴含的生动传神的表现力。

如果把魏晋时期的中国艺术比作稚拙的孩童，那么到了隋唐时期，中国艺术便成长为一位才华横溢的翩翩少年。唐朝时期，记录时政的艺术作品已非常真实且精美，阎立本所作的《历代帝王图》、《步辇图》（见图5-2）、《职贡图》等，不但精微描绘了皇帝的容貌与生活，还将大唐时万国来朝、包容万象的政治生态一并记录了下来。

唐朝是人物画非常繁盛的时代，其中最为著名的几幅如张萱的《虢国夫人游春图》《捣练图》，以及周昉的《簪花仕女图》（见图5-3）等，精细入微地再现了唐朝时贵族生活、劳作、出游的场景，其间人物姿态的闲适自然、所着服饰的精美繁复，以及穿插在画面中的西域动植物，都展示着大唐人民富足自信的生活状态和精神状态。

图5-2 阎立本《步辇图》（局部）

图5-3 周昉《簪花仕女图》

唐朝的艺术触角开始在不同领域延伸，不少以人物和山水为主题的优秀作品流传至今。田园诗人王维开创了水墨写意画，在画法上他提出了“水墨为上”的概念，强调水与墨的相互作用，在中国艺术史上留下了不朽的一笔。五代时期，不同地域的山水画家又探索出山水画的不同形态。

五代时期有一幅非常值得一品的人物画，记录了很多官宦家庭夜间的娱乐消遣活动，其中达官名士、乐妓仆从觥筹交错、笙歌不断的场景可见一斑。这就是顾闳中为李后主绘制的《韩熙载夜宴图》（见图5-4），此卷细腻生动，色彩华丽，乃当时人物画中的佳作。

图5-4 顾闳中《韩熙载夜宴图》（局部）

从五代时期开始，花鸟画逐渐走向巅峰，宫廷画家黄筌及其子创作了多幅极其精细生动的花鸟画，如《写生珍禽图》(见图5-5)、《山鹧棘雀图》等，所刻画的珍禽瑞鸟的翎毛与其姿态皆细致入微，整体画风工整富丽，在现实的还原度上令人惊叹。画面中，栩栩如生的珍禽瑞鸟反映出当时宫廷的审美趣味。

图5-5 黄筌《写生珍禽图》

宋代是中国艺术的巅峰时期，诞生的文学家、艺术家、美学大家，如恒河沙数，不可胜数。宋之至雅，在人类文明的历史上，几乎没有哪一个时代和国度能超越其上。宋代美学的代言人宋徽宗诗、书、画三绝，其中书法自成一体，自称“瘦金书”，所作《瑞鹤图》《听琴图》等，构图凝练平衡，笔法精微入毫。

宋代的山水画构图奇趣巧妙，多做边角构图，画面中大面积留白，如马远、夏圭之作。历来论者，多把“马、夏”并称，二人画风基本相同，多局部取景且往往只画很少的景，以少见多，以偏概全，有限的几笔给人以无限的想象空间，形成了中国山水画疏简清逸的美学特征。

元代比较突出的是被誉为“元四家”的吴镇、黄公望、倪瓒、王蒙，他们的山水画虽描绘景致不同，但大都风格清逸韶秀，画面疏密纵横，求象外之意，用笔苍劲淋漓，赋色明净、点染葱翠，后明清山水也基本承脉接续。元代绘画讲究脱俗，不以绘画赶取功名，只用来抒发画家的真性情，有着丰富的蕴藉。元代存续时间虽然短暂，但在绘画方面却取得了突出的成就，为中国山水画增添了别具一格的情致。

明清时期，山水画坛也有突出的代表画家，如：“明四家”——沈周、文徵明、唐寅和仇英；“清四僧”——原济(石涛)、朱耷(八大山人)、髡残(石溪)和渐江(弘仁)；“清四王”——王时敏、王鉴、王原祁和王翚。部分画家及其作品分别如图5-6至图5-8所示。这些艺术家的画作体现了一种画面之外的意韵情致，故而中国画又衍生出“文人画”，即画家不仅擅画，更以文人自居，画中带有文人情趣，画外流露着文人思想。文人画崇尚品藻，讲求笔墨情趣，脱略形似，强调神韵。明清时期的山石画法主要用短披麻皴，干湿结合，故而画面中的群山、树木层次更加分明，布局疏朗，宾主和谐，山峦没有险绝沉重之感，却有一种温润的气氛贯穿其中。

图5-6 沈周《庐山高图》

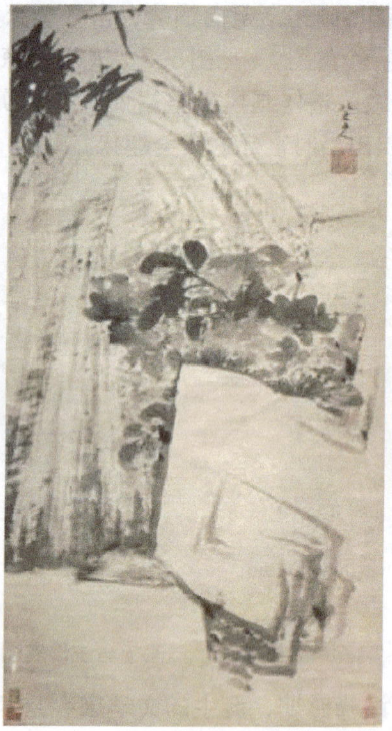

图5-7 八大山人《牡丹竹石图》

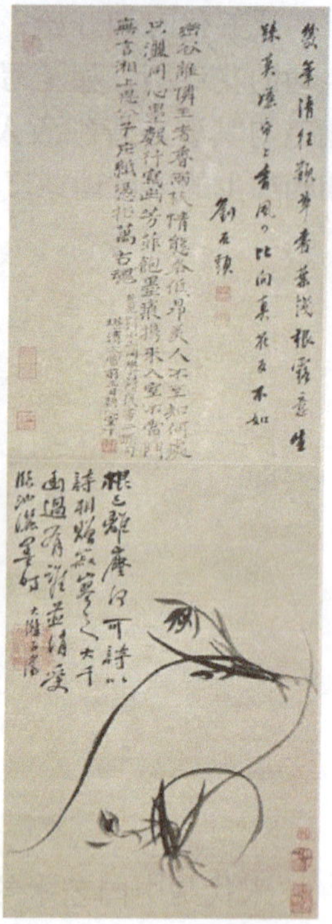

图5-8 石涛《墨兰图》

自清末之后，在近百年的现代中国画变革中，中国艺术出现了各种流派及变化。尤其是五四运动以来，西方美术思潮、美术论著、美术教育和美术作品被大量引入国内。伴随着文化上反对封建主义的革命运动，20世纪初，陈独秀提出“美术革命”的口号，反对只重自娱和缺乏平民意识的文人画，提倡语言通俗化、美术写实化。大批青年美术家留学日本与欧美，借鉴西方美术以改革中国绘画的呼声与实践成为潮流。

抗战时期，大量艺术家深入战场，为革命呐喊，一批艺术家在战争环境中开始了他们新的艺术生涯。其中比较著名的作品有蒋兆和创作的《流民图》（见图5-9）。

图5-9 蒋兆和《流民图》（局部）

中华人民共和国成立后，中国画的创作开始普遍以描绘现实生活为主，即便是山水花鸟画，也会联系现实社会内容，强调思想性与教育意义。这一时期涌现了一批新的人物画家，如石鲁、黄胄（其作品见图5-10）、李斛等。

20世纪80年代以来，画家们渐渐总结历史经验，重新思考绘画与现实的关系，涌现了一大批敢于创造又钻研传统的中青年画家，中国画坛呈现一片新气象。

图5-10　黄胄《丰乐图》

二、文艺复兴以来西方绘画艺术发展历史

1400年之后，欧洲进入了科技、文化和艺术的全面复兴及繁荣时期，即所谓的“文艺复兴”。今天有一种共识，那就是“文艺复兴”这个术语指的是从1400年到1600年间欧洲在文化、政治、艺术和社会等方面发生的深刻而持久的剧变和转型。[①]其中最为知名的当数“艺术三杰”，他们分别是达·芬奇、米开朗琪罗、拉斐尔。

达·芬奇是欧洲文艺复兴时期的一位博学者，他的才华远远不止于创作出《蒙娜丽莎》（见图5-11）和《最后的晚餐》这样伟大的绘画艺术作品，他在音乐、建筑、数学、几何学、解剖学、生理学、动物学、植物学、天文学、气象学、地质学、地理学、物理学、光学、力学、发明、土木工程等领域都有显著的成就。他是文艺复兴时期典型的艺术家，也是历史上最著名的画家之一。

米开朗琪罗是文艺复兴时期的一位悲剧英雄，从雕塑、绘画到建筑，他无不精通。30岁的时候，他受命为教皇在梵蒂冈的西斯廷教堂绘制巨幅天顶壁画（见图5-12），西斯廷教堂天顶壁画中人物场景的华丽繁复程度至今令人叹为观止。

① 布罗顿．文艺复兴简史[M].赵国新，译．北京：外语教学与研究出版社，2017:158.

图5-11　达·芬奇《蒙娜丽莎》

图5-12　米开朗琪罗为西斯廷教堂所绘天顶壁画《创世纪》（局部）

如果说达·芬奇的画作如夜空，静谧而神秘，那米开朗琪罗的画作则如电闪雷鸣，精深又有力量，拉斐尔的画作则像是夏日清晨，明媚和煦。

《花园中的圣母》又名《园丁圣母》《美丽的女园丁》（见图5-13），是拉斐尔创作的一幅油画。在这幅圣母子像中，圣母爱抚着圣婴，小约翰手持木质十字架，整幅画面充满了温馨和慈爱。在构图上，拉斐尔与达·芬奇的绘画技巧一致，在这幅画中采用了金字塔式。圣母侧身而坐，照看着两个嬉戏的孩子。画面线条柔和，远景优美，近景是鲜花遍地；天空有几朵轻盈的白云，映着柔和的微光；情与景具有浓郁的诗意和美感。

图5-13　拉斐尔《花园中的圣母》

十六七世纪开始，以委拉斯开兹、伦勃朗、维米尔为代表的一批艺术巨匠，将绘画视线从辉煌的宗教、皇室、贵族逐渐转向平民生活和市民场景，画作中体现出来的深厚的人文主义的情怀让观者产生同情，并为之深深吸引。

历史接续发展，孕育出了新古典主义、浪漫主义和写实主义。19世纪以来，艺术家们对古典的艺术理想、经典的学院标准、异域的图像参考以及对待现实、对待理性、对待理想和信念有着不同的看法，他们用艺术践行了自我的观念。学习这些有关美的历史，我们可以感受到不同时代、地域中文化文明的不同状态。

工业革命冲击了传统农业、手工业，城市的扩张与膨胀冲击了农村的生活形态，财富的集聚与政治形态的变化都密切影响着人们的艺术创造活动。19世纪60年代诞生的艺术流派，如同当时的政治、经济、生产方式、生活方式变革一样，是对古典时代的一次终结，这就是印象派和后印象派。这是一场绘画艺术史上的“白话文运动”，作品中不再有严格的透视、精准的解剖、细腻的光影，印象派画家开始将艺术创作贴近日常生活，并享受自然。所谓“印象派”，是一种创作者对事物主观印象的记忆与表达，其不再追求真实对象的还原与描摹，抵制墨守成规，注重探讨自然、光线、温度、时间等因素对画面的影响。草地、公园和人群等清新自然的题材也大量地出现在印象派的作品中，如莫奈的《睡莲》。

从这些作品中可以看出艺术家们对造型不再追求准确，而是追寻所描绘事物的生动性和趣味性；色调也不再追求统一和稳重，而是更加丰富明快，捕捉自然中瞬间光色微妙变化带来的视觉印象，具有鲜明的印象派风格。后印象派代表人物又将这一艺术流派进行发展，如保罗·塞尚、凡·高（其作品见图5-14）、保罗·高更……这些名字像璀璨的星星，一直在艺术的星空中大放异彩。

图5-14 凡·高《麦田上的鸦群》

当历史的车轮行进到20世纪，欧洲先后经历了两次世界大战的洗礼，西方文明原有的理性与秩序被破坏。从20世纪初的野兽派到以毕加索为代表的立体派，西方艺术逐渐进入了现代艺术时期。这些由几乎找不到描绘对象的抽象色块和线条堆砌的作品，恰好反映了战争时期生活方式的急剧变革和价值观频繁变化所带给人们的各种心理变化。

20世纪初期，在德国、法国、奥地利、北欧等地流行的表现主义流派，是现代重要的艺术流派之一，代表人物有康定斯基、爱德华·蒙克等。表现主义艺术家们大胆创新，不再注重事物细节的刻画，他们强调主观想象，探寻对事物的深层幻想，通常使用夸张、生动的造型来展示自己感知世界的独特视角，追求对澎湃内心的抒发。

20世纪诞生了各种艺术流派，如未来主义艺术、波普艺术、达达艺术、超现实艺术、抽象表现艺术等。艺术家们讴歌现代工业所展现的速度与力量之美，从安迪·沃霍尔到博伊斯，艺术跨越界限，不再有固定的含义，甚至突破了数千年来的形式分类，绘画、雕塑，戏剧、现成品、装置、行为甚至观念本身，都是艺术的存在形态。艺术，是承载文化理念的一种容器，对观念的表达是艺术永恒的生命之源。

第二节　剖析美：中国画背后的故事

中华民族悠久的历史长河孕育出了独有的绘画艺术风格，相较其他艺术形式，中国画具有非常鲜明的民族特色。画家以生动的气韵、多变的笔墨、流畅的线条，寓情于景，以形写神，传达出完美的意境，逐渐形成了以线条为主的绘画形式。这种传统风格和审美观点，又在时代的前进中不断地得到滋养、突破和创新，并造就出新的风格，不仅是华夏艺苑中的瑰宝，也是世界文化艺术宝库中的璀璨明珠。

一、水墨空间，黑白世界

齐白石是中国近代著名的绘画大师，擅画花鸟、鱼虫、人物、山水。他年少时生活在农村，有着丰富的生活经验，一花一木、一石一鸟都为他提供了源源不断的创作灵感。他下笔果决明快，用墨酣畅淋漓，画作常有一种质朴与稚拙之气，具有独特的艺术趣味和强烈的个人风格。在图5-15所示的《群鱼》中，我们可以看到他仅用淡墨与浓墨，未加任何颜色点染，鱼儿们就仿佛被赋予了生命。画中虽没有一丝水纹，却能带给人一种鱼在水中畅快游弋之感，虽是“黑白世界”却春意盎然。

二、留白尺幅，虚空之境

宋朝是中国绘画的高光时期，而南宋的院体山水，则是山水画历史中的典型范式。马远、夏圭、李唐与刘松年并称“南宋四大家”，他们出身绘画世家，两朝画院待诏，在画面的营造取舍、美学意韵上均展示了独特高妙的艺术趣味。此时山水画转主峰式构图为边景式构图，远景近景层次分明，画面着重描绘山之一涯或水之一角，对景物高度概括、提炼。画面有大量空白，为观者留出了广阔的想象空间。

图5-15　齐白石《群鱼》

马远所作《踏歌图》（见图5-16）被山间云雾分开为上下两部分，上面是仙山、楼阁、奇松，下面是稻田、流水、农民。景物与人物相互衬托，画中一雅一俗，被马远天衣无缝地连接在一起。

图5-16　马远《踏歌图》

纵观此画，构图疏朗，用笔简约，空处自有清气流淌，山林与老者的动人情境在这留白处经营得十分巧妙，观者仿佛能听到他们在山林中回荡的踏歌而行的纵情乐声。

“虚实结合”是中国传统美学的重要原则，不仅是绘画，在戏剧舞台、园林造景中都能感受到“藏”与“露”的讲究。在园中刻意建筑的云墙，将景色做出隔断，点缀若干或扇或菱的花窗，犹如绘画中的留白，开合之间，为园林雅趣造势。传统戏剧中，演员一扬马鞭，则驰骋万里；置半扇拱门，就随唱腔“临川四梦”。中国艺术一向不讲究做功的多少，而追求在无笔墨处用心。

中国美学对虚空的重视是传统文化的外显形式，空灵的艺术风格展示出玄静、朴素、澄怀观道、虚怀若谷的心境追求。东坡题诗：“惟有此亭无一物，坐观万景得天全。”无物的亭，也就是无羁绊、无牵挂、超然物外的心，在这样空明之境中，是对世间万物的包容和观照。

三、主观造型，再论虚真

齐白石曾说：“绘画的最高境界，妙在似与不似之间。”在中国画的造型趣味里，画家的主观好恶、情绪意识总是极为鲜明生动的，同是描绘一只飞禽，或恬淡或孤傲，或生气蓬勃或疏离于世；只一眼，作者的心境意会不言自明。

南宋名作《果熟来禽图》（见图5-17）是林椿创作的一幅绢本设色画。这幅画采用的是经典的折枝式构图，一果枝自上而下映入眼帘，枝上叶繁果鲜，一只小鸟落在枝头，抬起脑袋，欲振翅起飞。画面色调恬淡祥和，粉色小果间以黄绿枝叶，枝条穿插生长，恣意盎然，小鸟的造型也颇为准确，基本做到了对真实物象的现实还原，更添几分怡然自得的心绪。

图5-17　林椿《果熟来禽图》

宋代是中国绘画史上追求写实的时代，这与宋代程朱理学推崇的“格物致知”密切相关，宋画以此为文化根基，衍生出来的外在艺术形态更为科学严谨，对物象的结构关系、细节内容描绘详尽。中国古代对艺术形象的创作既要写形又要写实，以形写神是对艺术形象创造的极高要求。宋朝是文化艺术极为兴盛的历史时期，除了林椿这样的宫廷画家，还有大量的文化精英，诗、书、画是他们平时寄情寓兴、传情达意的一种手段，这一类画家被称为“文人画家”，他们不主张将绘画作为再现真实世界的工具，而是抒发自身的性情品位，不再考究造型的真实度，如北宋大才子苏东坡所言，“论画以形似，见与儿童邻。赋诗必此诗，定非知诗人。诗画本一律，天工与清新。”

“真实与生动”“形与神”“主观表现与客观真实”的争论从唐宋时期开始就绵延不绝。文人画逐渐在明清时期成为主流画派，形成了比较典型的中国画的审美标准和趣味。

清代画家八大山人的作品同为描绘禽鸟题材，与宋画有着截然不同的风格趣味，却也体现了中国画的意蕴天成特点。八大山人善书法、精绘画，由于身世支离，其画风怪诞，以高妙独特、孤寂清冷的风格在画坛中独树一帜。他用笔奇减，不肯多著一水一墨，造型极为概括，具有清逸脱俗的神韵。其作品《双鹰图》如图5-18所示。

图5-18 八大山人《双鹰图》

他画中的山、石、树、草，以及茅亭、房舍等皆逸笔草草，看似漫不经心，信笔涂抹，实则疏密有致。远近高低，干湿浓淡、笔笔无出法度之外，意境全在法度之中。这种无法而法的境界，是情感与技巧的高度结合，展示出高超的绘画技巧和独特的审美逸趣。

第三节 赏析美：经典绘画作品赏析

鉴赏，通常具有一定的主观能动性，鉴赏者通过对文物、艺术品等进行观察、感受、理解来判断其价值或欣赏其艺术性，这是从感性到理性阶段的认识飞跃，目的是引导其他人获得一定的审美享受，并理解艺术活动。鉴赏者受个人思想情感和生活经验以及艺术观点不同的影响，很难用“正确与否”来定义艺术品。当然，对于绘画作品而言，其是有优劣之分的，细化的话，“画”的好坏是建立在一定的审美规则之上的，弄清楚画的基本要素，便容易做出相对合理的判断。

一幅好的绘画作品，一般都会包含三个基本要素。

（1）技法。任何绘画种类，无论是国画还是西画，都是由一定的绘画技法来完成的。绘画技法的娴熟与否，技法运用是否恰当、巧妙，是否有基于传统技法的传承和创新运用等都关系到作品的水平。所以，欣赏一幅画，首先当观其技法的综合运用，这是评判作品优劣的最直观也是最重要的一点。

（2）内涵。作品的内涵是指作品传递出的主题和意义。内涵通过作品的内容表现出来，能够引发鉴赏者的共鸣。内涵具有一定的隐喻性，鉴赏者通常需要仔细琢磨才能体会到作者之意。一幅绘画作品能不能让鉴赏者长时间驻足，主要取决于该作品有没有内涵。所以在绘画创作时技法必须要有，但如果过分强调技法的表达，则容易有炫技之嫌，用合适的技法来表达丰富的内涵才是上上之策。

（3）神韵。一幅优秀的绘画作品，光有技法、有内涵还不够，还必须有神韵。神韵即作品的灵魂，是作品的情趣韵致所在。绘画作品有没有活力，有没有深刻的思想，能不能打动鉴赏者，便取决于该作品具不具备神韵。有神韵，则如人精气神俱足，神采焕发；若无神韵，则徒有其形，毫无生气。

了解以上三点，再来欣赏一幅画作，便更能体会到画家赋予作品之中的情感和心声了。

一、吴冠中

吴冠中是当代具有国际声誉的杰出中国绘画大师，20世纪现代中国画的代表性画家之一。在艺术上，吴冠中不懈地探索和融合东西方绘画两种艺术语言中蕴含的美学观点，致力于“油画民族化”及“中国画现代化”的探索，在海内外享有很高声誉。

从20世纪80年代至90年代，吴冠中致力于把中国画的元素和西方创作技法融入绘画创作中来，形成一种独特的绘画意境，最具代表性的是荷花系列作品。

《残荷》（见图5-19）是吴冠中创作的油画，具有一定的表现主义风格。他运用点、线、面组合的方式，给人一种肆意的美。寥寥几笔，勾勒出残荷的身姿，折断的枯枝垂下，随风飘动，倒映在水中，形成了一幅抽象几何画，在蜿蜒中尽显形式之美和水墨之美。很多人对盛夏荷花极尽赞颂，却少有人描绘残荷之景。他的《残荷》体现了一种新型的中国画形式，具有独特的意境之美，这也是他一直所追求的——把欧洲油画描绘自然的直观生动性、油画色彩的丰富细腻性与中国传统艺术精神、审美理想融合到一起。《残荷》是线条的相互映衬，是灵动的化身。吴冠中笔下的残荷孤傲又谦和，有着自己的风骨。

图5-19　吴冠中《残荷》

吴冠中对于情感和艺术作品的融合手法浑然自成。他曾说，所要描绘的已不再是荷花的盛衰，而是着力想要表达生命的春秋。

油画《嘉陵江边》(见图5-20)，一面具有古典保守性，一面又有现代包容性。作者将大自然的色彩融合在和谐的灰色当中，看似非常宁静的画面中充满了动感和光感，枝条、树冠苍劲有力，被作者赋予了蓬勃的生命力。峭壁与青松、江水与船只、远山与天空的刻画不无体现出作者过硬的造型能力和空间把控力。《嘉陵江边》是吴冠中的经典作品之一。

在《崂山松石》(见图5-21)中，吴冠中重在刻画巨石坚硬之质，夸大了石块的体积，简化了松树的形态，用线条勾勒，逸笔寥寥地概括而出，这样的处理更具抽象意味，也更能表现出青松植根于巨石中，顽强生长的坚韧品质。吴冠中笔下的线条流畅自然，具有一定的韵律感，这是他独特的艺术语言。整幅作品洋溢出跃动的生命力，让人寻味良久。

《太湖鹅群》(见图5-22)是吴冠中创作的一幅油画作品，现收藏于中国美术馆。吴冠中到苏州写生时，天光湖色之间嬉戏喧闹、拥挤争食的鹅群激发了他的创作灵感，遂以清新淡雅的色调、挥洒自如的笔触，记录下那充满活力、生机勃勃的鹅群。

图5-20　吴冠中《嘉陵江边》

图5-21　吴冠中《崂山松石》（局部）

图5-22 吴冠中《太湖鹅群》

画面分为上下两个部分，作者着重刻画水面的场景。整个水面几乎被洁白的鹅群所占据，他笔下的鹅群由一组组近似白色的色块组合而成，运笔十分流畅自然，笔触中包含了极为微妙的色彩变化。作者施以少许青色与灰色，从而表现出鹅群的立体感。从跃动的鹅群中，观者可以感受到作者创作时热情、昂扬的精神态度，仿佛与作者一起置身于阳光明媚的太湖之滨。

《太湖鹅群》以抽象的造型完成纪实的工作，在当时所流行的油画作品中并不多见。画面语言抽象而写意，这使得《太湖鹅群》看上去更像是一种实验绘画，画家仿佛在试探形式感中蕴藏的能量，这是一种在西方文明的压力下，中国近代艺术迫切与国际接轨的探索行动，也表现出了吴冠中对艺术创作的不懈思考。

二、黄宾虹

黄宾虹，现当代杰出国画大师、革命家、出版家、教育家。黄宾虹作画构图追求“三角不齐美”，其构图精致疏朗，对画面中的虚实安排有致，具有一定装饰意味。用笔用墨则讲究“平、圆、留、重、变”和“浓、淡、破、渍、泼、焦、宿”，即所谓“黄氏五笔七墨”，运笔酣畅淋漓、重叠不乱、层次分明，用墨浑厚苍润、丰富多变、幻化无穷。其山水画作品具有黑、密、厚、重的画风。这是一种有极高美学审美的用笔用墨主张，蕴含着厚德载物的美学取向。

黄宾虹的山水作品，既有笔的力感，又有墨的润泽，别有一股摄人心魄的力量。笔墨交融，纵横挥洒，静止的山水在他的画中焕发出勃勃生机，妙趣横生。

《江村图》（见图5-23）现藏于中国美术馆。黄宾虹在此画的款识中提到了“山川浑厚，草木华滋”，这是对草木茂盛、山川壮美的描述，表达了一种对大自然繁盛之景的赞美之情，也是画家面对山川物象的内心感受。20世纪30年代始，黄宾虹多次在画作的题跋中谈及宋、元绘画“浑厚华滋”的美学风格，指出此为中国画学正宗。这幅《江村图》

不同于黄宾虹常画的“满山满水”，其通过巧妙的排布和恰当的留白勾画出山川与云雾、树木与村落。用笔用墨沉稳凝重又不失灵动，有古厚之气，传达出作者淡泊旷远的审美趣味。

在《练江南岸》（见图5-24）中，黄宾虹用浓密的墨色塑造出整体山形，后用青绿勾染皴擦，山石的组织、树木的穿插形成树中有石、石中有树的融洽观感。黄宾虹再以淡赭色做适当铺垫，使作品色墨交融，浑然一体，传神般地呈现出山林雾霭的胜境。

在画作上方，黄宾虹以淡墨和花青，氤氲渲染出远山的轮廓，再结合画作的留白，形成了起伏的山峦在雾气间若隐若现的效果。画作下方，在斑驳的山石、树木间，黄宾虹有意留出一座白色的小桥。就画作构图来说，在桥上行走的旅人是画面的“气口”，整幅画作的全景因此而通透。

黄宾虹的花鸟画不同于他“浑厚华滋”的写意山水画，以“淡、简、拙、健”为特点，既有文人画的书卷气息，又有民间审美意味，寓大俗于大雅之中，别具一番情趣。图5-25所示的《牡丹梅花》枝与叶虚实交错，牡丹所形成的向下的弧线与梅花曲折向上之势一张一弛，使画面富有张力。在花鸟创作中，作者对于青绿与玫红的运用有自己独到的见解，从画中可以看出牡丹设色清朗，包含着细腻的颜色变化，精妙之至。枝干处用笔，中侧锋并施，一勾一勒，刚健婀娜，墨色随性生发，意境高远。此幅作品可谓闲逸自得，画面清新古雅，耐人寻味，极富文人意趣和士大夫品格。

图5-23　黄宾虹《江村图》

图5-24　黄宾虹《练江南岸》

图5-25　黄宾虹《牡丹梅花》

《青城山》（见图5-26）画面章法颇为讲究，体现了虚实、繁简、疏密的统一。山势的巍峨，峭壁的奇崛，山谷的幽深，林木的蓊郁，以及庙宇、栈道等的刻画，随意中带有秩序性。作者摒弃了深远空间的营造，画面却更加具有整体性。

从画法上看，用笔苍劲有力，山川、树木多以长短笔触的皴法和浓淡干湿、大小各异的墨点勾出，各种点法交施互用，乱中有序。墨法多变，积墨、泼墨、破墨、宿墨叠用，明暗层次变化分明，黑里透白，实中寓虚，干湿交错，使山川层层深厚，气势磅礴。整幅作品元气淋漓，墨花飞动，浑厚华滋，意境深邃。

《狮子林望松》（见图5-27）是黄宾虹创作的一幅水墨设色作品。黄宾虹重视山水画创作中的笔墨关系，并且在运用笔墨创作时，认为处于主要地位的是“笔”，处于次要位置的是“墨”，他强调每一笔都要落在实处，用笔勾勒时要像写字一样游刃有余。同时用墨要注重墨色变化，笔墨水平的高低直接影响整个作品和画面的格调。

黄宾虹在创作《蜀山图》（见图5-28）时已是近90岁的老人，身患白内障，视力下降，很多时候借助放大镜作画，或根据以往的写生稿来创作，在人生最后的几年仍潜心创作。虽有些近乎是在“盲画”，作品反复皴染达数十遍，但形成了“沉厚幽深”的艺术效果。

图5-26　黄宾虹《青城山》

图5-27　黄宾虹《狮子林望松》

图5-28　黄宾虹《蜀山图》

黄宾虹由蜀中的草木繁荣、月夜的林岚氤氲、雨后山峦的苍郁浑厚，体察到奇山秀水的美，真正悟到了知白守黑、从实务虚，在浓烈的笔墨意韵中表现出清淡与超逸。

黄宾虹将摹古与师法造化熔为一炉，用积墨、渍墨、破墨、泼墨、宿墨等画出了融入了自己独特感受的山水。

三、八大山人

拓展学习

八大山人，原姓朱，明亡后，出家为僧，法名传綮，后期号八大山人。八大山人十九岁时遭遇国破家亡，旦夕之间沦为无处栖身、朝不保夕的亡国遗民，精神受到巨大震动，痛苦不可自控，最终将一腔国仇家恨化为孤僻避世的心性修为与傲岸不羁的笔墨境界。他是中国美术史上一位杰出的书画艺术家，其独树一帜、个性鲜明的艺术风格启迪了一代又一代艺术家。

八大山人的主要成就在大写意花鸟画。《荷花图》（见图5-29）中，荷叶形象单纯、简练，或点厾，或泼写，绝少画叶脉，也没有复杂的空间变化，只是一笔笔画去，万毫齐发，干湿浓淡一任自然。这样的线条似不着力，但中侧锋之间变化自如，弹性十足，墨色变化自然而细微。八大山人的荷花淡墨疏笔，而且基本不着色，线条刚劲又不失柔韧，其一枝一叶无不表现和诉说着他的境遇及世界观，看似逸笔草草却又笔笔精到，画面充满了超然物外的禅意感。

八大山人笔下的荷花多为双钩，用笔若紧若松，笔笔中锋，花瓣皆不圈死，气口充盈，画出了荷花高雅绝俗的逸气与清气，仿佛隐身于荷叶丛中的荷花仙子，半遮半显，巧笑倩兮，美目盼兮。细细品味，画中似有一种独坐池边，静待花开叶落、静观世事变迁的感觉，这无疑是画家真实心境的写照。

“着墨简淡，运笔奔放”是八大山人花鸟画的突出特征。在八大山人传世的花鸟画中，大多作品均笔势朴茂雄浑，内容夸张多变。图5-30所示的《葡萄大石》中，我们可以看到八大山人寥寥数笔便将枝干的苍劲之态勾勒出来，笔墨极度简洁，画中葡萄盘错，大石的处理也非常恣意洒脱。

图5-29　八大山人《荷花图》

图5-30　八大山人《葡萄大石》

一幅优秀的写意花鸟作品，对画面中的气韵的分割是必不可少的。如果画面画满则缺少呼吸感，画面中留白部分与作画部分的安排，控制了画面中气韵的走向。从此画幅中可以见到葡萄藤独枝依危石蜿蜒向上，到画幅中段趋于活跃，叶子逐渐繁密，葡萄藏于顶部枝叶之间，其中似有葡萄清气流动。画面下方的岩石以淡墨勾皴，与葡萄藤形成聚散的变化，岩石的边缘虚化处理，画面留白得当。配上落款的两点红，形成了开合的对应关系。八大山人根植于传统，深谙画理，内化于心的情感通过此幅作品表达得可谓是“无斧凿痕”。孤傲的画风也体现出他对攀附权贵、依附他人行为的憎恶之情，表现自己孤傲不群、洒脱通透的性情。

鹿在中国古代被视作祥瑞之物，承载了人们对祥瑞、长寿、福禄的美好心愿。八大山人的《椿鹿图》（见图5-31）描绘了椿树一角，上空椿树枝叶横出，古树和峭壁以浓墨皴擦，凝重坚硬，羽状叶片层层错叠，清晰且有质感。从画中我们可以看出这只梅花鹿对绿叶的渴望，以致它不顾危险爬上峭壁。它在石块上站定引颈向上，似嗅到椿树的香气，画面十分灵动。画家在描绘鹿身时施以深浅不同的淡墨表现鹿的花纹及皮毛的质感，墨色秀润，彰显出超高笔墨造诣。

“鹰”被视作英雄的象征，具有坚强刚毅、勇往无畏的精神。八大山人的《双鹰图》（见图5-32）藏于八大山人纪念馆，是八大山人晚年画鹰之代表作。从画中可见两只苍鹰互相顾盼，一只立于顽石，一只立于枯枝，双鹰对视，高低俯仰之中英武之姿跃然纸上。画家以焦墨勾喙点睛，用干笔皴出颈部与羽毛，鹰背以浓笔勾绘，笔力雄健浑厚，力透纸背，使人感受到苍鹰不朽的生命力。

图5-31 八大山人《椿鹿图》

图5-32 八大山人《双鹰图》

四、石涛

石涛是中国绘画史上的一位重要人物，他的绘画不拘一格，自成一派，极具创造力和革新意识。其绘画思想在中国绘画史和美学史上具有划时代的意义。

（一）构图技巧上的革新

石涛的画作撷取历朝历代名家之所长。其中，他尤为擅长将传统的笔墨技法加以改变，从自然之景中得到灵感并加以改革。

石涛的截断法便是他的一种革新的绘画技巧。截断法的运用并没有使画面效果突兀和不完整，反而使观看者能更好地欣赏他想传达的自然之美。

在画面中，石涛只截取适宜的景致入画而消减一些不必要入画或驳杂的景致，这一创举十分大胆新颖。一般来讲，“上留天，下留地，中间主体物呈全景式”是北宋时期的构图；取景物“一角半边之势”，是南宋时期的构图。但石涛并没有套用任何一种形式，而是自己开辟了一条新路，即只截取山水中最瑰丽且最具代表性的一段作画。

（二）表现技法上的革新

石涛的山水画不附和潮流，风格多变，笔意恣肆，擅用泼墨与破墨作画。其皴法在他笔下，也有创新的表现技法。不同于其他画家，在石涛的画作中时常会看到他将几种不同皴法结合在一起，如《云山图》（见图5-33）中，他运用不同的皴法，使画面富有动感，迂回屈曲。

图5-33 石涛《云山图》

此图轴是石涛晚年之作，此时他的山水画构图新颖大胆，出奇制胜，极尽含蓄隐约之妙。图中打破一层地、二层树、三层山的“三叠式”和北宋式的上留天、下留地、中间设景的构图程式，而是用截断法直接截取景致中最优美、最有代表性的一段。作者描绘半露的山体，树木间以水墨渍出云态，天空用淡墨渲染，以显现出云的白净和飘浮的动感。

（三）思想观念上的革新

石涛不仅是山水画家，还是绘画思想家。他的自我观念十分强烈，曾提出“我之为我，自有我在”的观点，意在告诫学习者在学习的过程中，要突破传统的束缚，形成自己的风格。

在石涛的画作中，其运用截断法构图，只保留画面最精彩的部分。在其表现技法上，石涛将点法与皴法在画作中的结合运用到极致。而在思想上，他更是一改当代文人仿古、模古之态，体现“自我”观念并融于画作中。他的绘画革新观念在如今看来，仍然有巨大作用和价值，因此，石涛的革新意识也是当今中国画坛所应该探求和学习的。

图5-34和图5-35为石涛作品。

图5-34　石涛《陶诗采菊图》

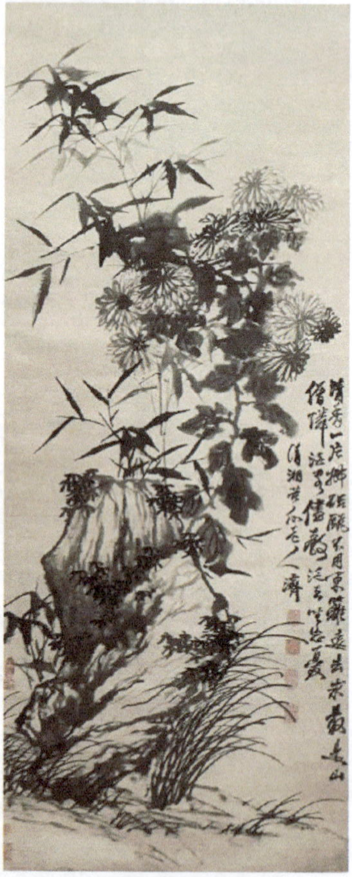

图5-35　石涛《竹菊秀石图》（局部）

五、齐白石

齐白石画虾可说是画坛一绝，其笔下的虾灵动活泼、栩栩如生、神韵充盈，如图5-36和图5-37所示。齐白石用淡墨掷笔，绘成躯体，浸润之色，更显虾体晶莹剔透之感。懂得笔墨也善于操纵笔墨的齐白石，在下笔画虾时，既巧妙地利用墨色和笔痕表现虾的结构和质感，又以富有金石味的笔法描绘虾须和长臂钳，使纯墨色的结构里也有着丰富的意味。以浓墨竖点为睛，横写为脑，落墨成金，笔笔传神，细笔写须、爪、大螯，刚柔并济、凝练传神，显示了画家高妙的绘画功力。

从墨法上看，齐白石用淡墨画虾体，用浓墨点睛，把墨、水与宣纸结合的气韵效果把握得很好，使虾看起来通体透明，形象生动。墨色的深浅浓淡，表现出一种动感。眼睛用浓墨点出，脑袋中间用一点焦墨，增加了虾头的重量感，在左右点上几笔淡淡的墨，虾的头部在晶莹剔透中又显得变化多端。虾的腰部再用淡墨点出，与头部重墨形成明显的对比，把透明的、游动的、活生生的虾的形象表现得淋漓尽致。形神与笔墨的完美结合，可以说前无古人，开拓了中国意笔写实型水墨用法。

图5-36　齐白石《群虾》

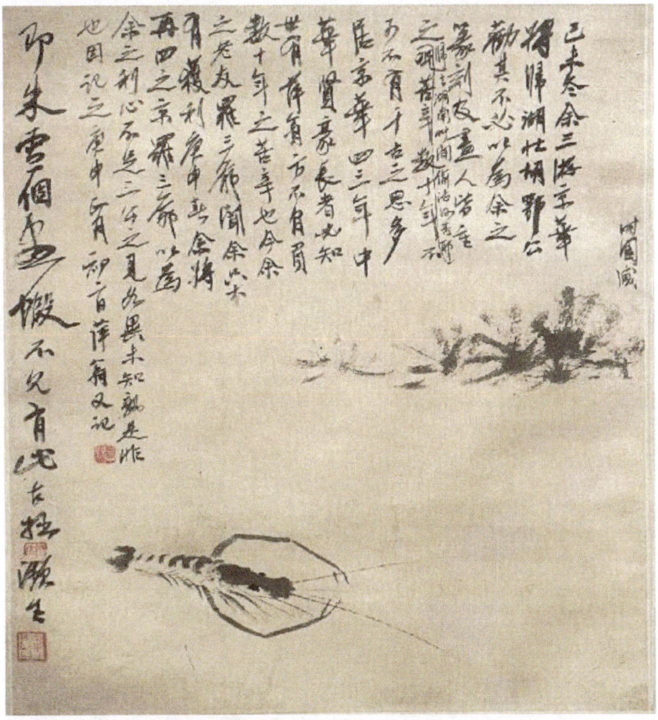

图5-37　齐白石《独虾》

从虾的形态上说，齐白石画虾，追求形神兼备。其笔下的虾有的嬉戏打闹，有的左顾右盼，有的交头接耳。细细观察，每只虾都清晰可辨，惟妙惟肖。

从用笔的变化看，作者简单几笔淡墨侧锋用笔，使虾的腰部呈现各种形态，有躬腰向前的，有直腰游荡的，也有弯腰爬行的，增添了虾的透明度和动态感，让人觉得它富有弹性和生命气息。虾的尾部也是寥寥几笔淡墨，使虾表现得既有弹力，又有透明感。

虾的一对前爪，由细而粗，数节之间直到两螯，形似钳子，有开有合，圆润而有力度的淡墨使虾显得更有活力。虾的触须用数条淡墨线画出。此外，为表现出透视感，齐白石用虚实结合、简略得宜、似柔实刚、似断实连、直中有曲、乱小有序的线条，使纸上之虾似在水中嬉戏游动，触须也像似动非动。

齐白石的虾表面看来画得惟妙惟肖，实际上却经过了大胆的剪裁和夸张，须和腿都删略了，眼睛则由圆形变异为横线。这种出人意料的艺术加工，十分鲜明地强化了虾在运动中的突出特点。

齐白石画鱼，以水墨为主，早期临学八大山人，一方面学到了笔墨，另一方面学到了空间感。但是有一点不同，八大山人画鱼，眼珠向上，给人一种翻白眼之感，而齐白石画鱼，鱼眼较小，眼珠大多居中，并没有冷眼观世之意，给人一种亲切感，如图5-38所示。

齐白石在20世纪20年代后自创画法，曾用家中瓷碗蓄鱼观察写生，所以齐白石画的鱼，既有传统笔墨之神，又不失写实之形。特别是他独创的用水用墨之法，墨色丰富多变，浓淡对比强烈，同时线条又不失遒劲有力，可谓“有笔有墨”。

图5-38 齐白石《群鱼》

图5-39和图5-40均为齐白石的作品。

图5-39　齐白石《窄道漫步》

图5-40　齐白石《油灯老鼠》

六、吴昌硕

吴昌硕既是晚清画家，也是近现代最初的一位中国画大师。他在诗、书、画、印诸方面都有很高的造诣。作为一位大器晚成的花卉画家，他把文人画的优秀传统和写实的院画风格相融合，以深厚的书法功底和诗文修养入画，创造了独特的古拙、雄健的风格。

吴昌硕酷爱超山梅花，曾赋诗："十年不到香雪海，梅花忆我我忆梅；何时买棹冒雪去，便向花前倾一杯。"吴昌硕一生画梅、写梅极多，其赞赏梅的风格、精神，以寄情怀。

由于吴昌硕对梅之深情，所以他笔下的梅活生生地站立在世人面前，显示着一种神韵、一种姿态、一种心情。

梅的不同形状，可以表达人的不同情感。他说，有的梅花，秀丽如美人；有的梅花，孤冷如老衲；有的梅花，坚贞如净臣；有的梅花，孤傲如侠客。图5-41中梅枝劲挺有势，在朴拙苍厚中又富秀丽之美。梅枝上繁花点点，富有节奏感。用色浓淡相间，色墨相映，相得益彰，具有古朴醇厚之美。

吴昌硕写梅，笔酣墨畅，富有情趣。作画时画家喜用或浓或淡的墨色，并以篆书笔法入画，使画面显得刚劲拙朴有力，苍茫厚朴，让人动容。

《雪蕉书屋图》（见图5-42）以大片淡墨横扫天际，空阔的云天苍茫一色，几株雪蕉环绕茅草书屋，一派萧索的景象。吴昌硕曾言："画成随手不用意，古趣挽住人难寻。"

这幅作品虽笔意简赅，但意蕴十足、古拙浑朴。画面中只有茅屋的一角和几株傲雪的芭蕉，这静穆的雪天不免让人猜想茅屋内的景象：酩酊酣睡？或是朗朗诵读？在墨色的运用上，整幅画面主要以淡墨与留白相对比营造出雪天迷蒙之气氛。随意挥就的淡墨将书屋雪蕉轻轻概括而出，淋漓奔放的手法尽显磅礴古朴的气象。

图5-41　吴昌硕《瓶梅芝蒲》

图5-42　吴昌硕《雪蕉书屋图》

吴昌硕擅于运用象征寓意的手法寄托文人情怀，因此他的创作形式与审美出发点也完全是传统文人式的。通过画面右上角的题款可知作者以雪蕉比诗句中的“皎洁心头”，亦喻指文人节操，画面所营造的淡泊淡远的意境同时也映照出中国文人对超然绝世生活的渴望。

七、潘天寿

潘天寿从小练习书法、绘画，19岁考入浙江第一师范，受教于经亨颐、李叔同、夏丏尊等，擅长中国画、书法、篆刻、诗文及美术史论，形成了自己独特的沉雄奇崛、苍古高华的艺术风格。他作画重气势、骨力，追求雄强、豪壮、阳刚之美，以书法入画，用笔古拙苍劲，构图严谨奇特，自成一格。

潘天寿博采众长，形成个人独特风格。其作品不仅笔墨苍古、凝练老辣，而且大气磅礴、雄浑奇崛，具有摄人心魄的力量感和现代结构美。他是一代艺术大师和美术教育家。

潘天寿有几类以《春酣》（见图5-43）为名的画。春酣，即酣春，作“春意正浓”解，所以不同的画材都能用以表现。

图5-43中的牡丹自然趣味盎然，这也是艺术家精神特质的体现。虽然造型简练，但笔法果断简洁。

其作品中，用墨无论枯湿浓淡，均见其笔力雄健，饱含一种倔强顽强的生命力量。

《雨后千山铁铸成》（见图5-44）描绘的即雨后苍山。整幅画面以浓墨为主，淡设色，远景是连绵的群山，中景是一座犹如一整块巨石的苍山，山前江渚上有稀疏的树丛和一座石塔，近景处一人泛舟江上，悠然自得。作者计白当黑，在画面中大量留白：中下部的空白表示江水，突出雨后江面的平静；山体中的留白则是云雾的象征，既增加动势，让苍山变活，又创造层次，拉开山与渚的空间距离。

画面的主体是雨后苍山，作者以焦墨为之，用笔老辣厚重，突出凝重之感，似一座纪念碑般巍然矗立，同时又染以石青，丰富色彩层次。整个山体皴擦点染，以浓墨为主又不乏微妙的浓淡变化，笔墨语言丰富。另外，云雾和小舟的“动”打破了苍山和江面的“静”，迎合了雨后的生机之感。题跋运用隶书、行书两种不同字体，题于画幅中部，不仅没有破坏画面，反而在画面内容上弥补了江面大片空白的空旷单调之缺憾，在构图上与江岸呼应，书画融为一体。

潘天寿擅作指画，意在追求变化和指墨所特有的韵味。《松鹰》（见图5-45）即为指墨画。此作结构严谨，左下半露的锥形山石，表现出作者善于造险，追求雄奇苍石的创意。右上以松鹰与石相呼应，全画均衡，气脉贯通。此画以运指法为主，但鹰身却纯用墨色，且出现了豆浆纸上的斑痕而别有墨趣。

图5-43　潘天寿《春酣》

图5-44　潘天寿《雨后千山铁铸成》

图5-45　潘天寿《松鹰》（局部）

潘天寿的画最突出的特点是布局新颖，不落常套；看起来很险，实际很稳。《睡猫》（见图5-46）中一块大方岩石几乎占了画面的全部，潘天寿在空白不多的空间里，画了一只卧在岩石上的长身的睡猫，这样既使画面趣味丰富了，又不会让人感觉头重脚轻。右下有一朵蒲公英花，两片叶子，其打破了画面的寂寞，好像空谷中传来一声鸟啼，给人以无限的意趣。石下几笔飘逸小草，显得画面更耐人寻味，不觉单调。这幅画奇境独开，秀润而又缜密。

图5-46 潘天寿《睡猫》

《灵岩涧一角》（见图5-47）是潘天寿于中华人民共和国成立后创作的，充分反映了作者的特色。作品构思标新立异，将山水和花卉结合起来，运用从写生中所悟得的创作方法，避免单调平庸又别有面貌。作者独取溪泉一角，从局部看全局，在硃崖转石中创作出“空无一人、水流花放”的新奇意境。

图5-47 潘天寿《灵岩涧一角》

作品构图打破常规，以“造险”“破险”为处理手法，力求不受画幅限制，注意全局气势的呼应开合。其用笔用墨，在简略中含义无限，在繁复中见意境空灵，使画面虚实经营与内外结构关系相互协调。

《翠鸟》(见图5-48)纯以水墨画成，卷写芜叶枯草，翠鸟立于塘岸之上。构图上，作者注重平面的分割，落墨处与留白处避免平均对待，着意于大虚大实，亦即“知白守黑”，十分讲究空白的处理。

图5-48　潘天寿《翠鸟》

潘天寿的作品构图精简而意境深远，整体面貌清新苍秀，墨韵浓、重、焦、淡相渗叠，用笔越发凝练和沉健，画面清新明豁。

八、陈师曾

陈师曾是陈三立长子，陈寅恪长兄。梁启超称他为“现代美术界具有艺术天才、高人格、不朽价值的第一人”。陈师曾是吴昌硕之后革新文人画的重要代表人物。

陈师曾的作品中，大写意花卉画和山水画较多。梁启超曾对他有极高的评价：“无论何种艺术，不是尽从模仿得来，真正不朽之价值，全在个人发挥创造之天才。此种天才，不尽属于艺术方面，乃个人人格所表现，有高尚优美的人格，斯有永久的价值。试看过去美术家，凡可以成为名家，传之久远，没有不是个人富于优美的情感，再以艺术发表其个性与感想。过去之人且不论，如今有此种天才者，或者甚多，以所知者论。陈师曾在现代美术界，可称第一人。”吴昌硕也褒扬陈师曾“以极雄丽之笔，郁为古拙块垒之趣，诗与书画下笔纯如”。总之，陈师曾具有深厚的学养和书画根底，艺术感受力和表现力很强，其作品笔墨之老到、形象之生动、格调之高雅，在当时是不可多得的。

图5-49至图5-51为陈师曾作品。其中，《清供图》画一陶盆，以重墨画石头，旁养盛开的水仙花，盆后有瓶，插有二朵菊花。菊极淡，数叶稍深，疏朗且有清逸之趣。整幅画静谧清雅、高洁。用笔婉转，潇洒流利，笔简而不空，层次有条理，既有成法，又不拘于成法，任意为之，自饶清逸，独有风貌。同时配上他的题画短句：“供养水仙花，开到盈盈欲折。一片岁寒清思，共芳香幽绝。碧天云净雪初消，又见风吹叶，人意钟声俱远，有一轮冰月。”题句清新隽逸，与画互相辉映。

图5-49 陈师曾《江南清景》

图5-50 陈师曾《墨荷》

图5-51 陈师曾《清供图》

九、张大千

张大千尤喜画荷花，这与他早年倾心佛教有着密切联系。其以山水画闻名于世，亦善画花卉。荷花具有“出淤泥而不染”的高贵品质。

《白荷》（见图5-52）运笔雄强劲健，泼彩淋漓以势取胜，墨分五色，浓淡相宜，布局尤见匠心。这件作品的主体部分在下方偏左，丰富的浓淡层次形成的斑斓色彩起到了稳定全幅的作用。画面右上角亭亭净植的荷叶与左下角形成呼应，并规定了整幅画的视角。整幅画深邃神秘，线条浑劲有力而优美，使泼彩有了一个支撑和骨架，再现了荷花的法相庄严。

十、国外画家

（一）莫奈

克劳德·莫奈是法国画家，印象派代表人物及创始人之一。莫奈注意画天空、大气和人物在大自然的光照中的复杂色彩。这些以自然界的光色变化为目标的绘画技巧并非轻而易举能够掌握。

图5-53和图5-54描绘的都是漂浮在水面上的睡莲。在图5-53中，柳树细长的枝条低低地垂下来，与天空和云朵一起倒映在水面上，与睡莲温柔地融为一体。

图5-52 张大千《白荷》

图5-53 莫奈《睡莲》1

图5-54　莫奈《睡莲》2（局部）

每一幅的色调都不太一样，有些满目葱绿，像春天刚冒出的嫩芽；有些全是浓郁的淡紫，像莲花凋零。它们展现了睡莲在不同时期的模样。

《国会大厦》（见图5-55）是莫奈的19幅系列绘画作品之一，这些作品都以英国国会大厦威斯敏斯特宫为主题。

图5-55　莫奈《国会大厦》

莫奈擅长光与影的实验与表现技法，改变了阴影和轮廓的画法，其画作中没有非常明确的阴影，亦无突显或平涂式的轮廓线条。此外，他对于色彩的运用相当细腻，曾长期探索实验色彩与光的完美表达，常在不同的时间和光线下，多次描绘同一对象。

在图5-56中，落日的余晖洒向河面，和天空中的太阳相映成趣，整个画面笼罩在的温暖的色调中。

图5-56　莫奈《塞纳河上的日落·冬季》

《撑阳伞的女人》（见图5-57）是莫奈创作的一幅油画作品，现收藏于美国华盛顿国家画廊。此画描绘的是一个晴天的早上，两母子在草地上漫步的场景。画面正中偏右站着一位撑阳伞的女士，而画面偏左较远处是一位小男孩。画面下方是草坪，其细腻的笔触表现了背光和向阳的草地阴影变化。其中，撑阳伞的女士被明亮的阳光包围，她的伞面上方和背后都有明亮的白色笔触，腰间还有一抹黄色视觉焦点，和底下黄色野花相呼应。这幅画的主人翁正是莫奈的妻子卡米尔与儿子。美丽的卡米尔半侧着身子，白裙飘逸，她带着温婉的笑容惬意地站在茂盛的草地上。小男孩戴着一顶小遮阳帽，睁着一双大眼睛望着远方，仿佛听见正在作画的父亲的呼喊。

图5-57　莫奈《撑阳伞的女人》

（二）毕加索

《格尔尼卡》（见图5-58）是毕加索于20世纪30年代创作的一幅巨型油画，该画是以法西斯空军轰炸西班牙北部巴斯克的重镇格尔尼卡、杀害无辜的事件为题材创作的。毕加索采用了大量的象征性手法和单纯的黑、白、灰三色营造出低沉悲凉的氛围，渲染了悲剧性色彩，表现了法西斯战争带给人类的灾难。

图5-58 毕加索《格尔尼卡》

《穿衬衣的女子》（见图5-59）描绘了毕加索当时的情人玛德琳，虽然画面中仍洋溢着大片的蓝色，但此后的作品反映了从蓝色向玫瑰色时期的过渡。她清瘦的体形成为过渡时期女性形象的特征，这种形象不仅标志着蓝色时期的最后阶段，也是毕加索在将来对其情人相貌和身份解构和重构的一种尝试。

图5-59 毕加索《穿衬衣的女子》

虽然《戴草帽吃冰淇淋的男子》（见图5-60）描绘的主题幽默有趣，但整体的蓝色背景却暗示了毕加索心中依旧积压着持续不断的战争所带来的阴霾和忧郁。

图5-60 毕加索《戴草帽吃冰淇淋的男子》（局部）

《戴绿帽子的女人》（见图5-61）中明快、饱满而又简单的色泽，更加烘托出女人灰色的面部以及巧妙的分面切割。在营造出强烈的艺术效果的同时，富于装饰意味。

图5-61 毕加索《戴绿帽子的女人》

《拿着调色板的自画像》（见图5-62）绘制于前立体派后蓝色时期，年轻人的眼睛、耳朵和鼻子都指向同一个方向，头发的颜色是像伊比利亚人的漆黑。脸上有一种空白的、像面具一样的质感，但从宽大的鼻子和粗壮的脖子上可以立刻认出毕加索。同时，这幅画明显是对塞尚早先的自画像的致敬——同样的朴素，同样的工匠风格。

图5-62 毕加索《拿着调色板的自画像》

在几百年间，无数的画家用他们高超的技艺创作了许多少女形象，这也包括让人无法理解的《亚威农少女》，如图5-63所示。许多人第一眼会觉得这幅画让人无法理解，甚至觉得丑，但它其实流露出来的正是“丑陋的美感”。在这幅画当中，我们需要学会“审丑”，丑的是画中女子的形象，而美的是毕加索为我们带来的艺术感。这幅画色彩运用得夸张且怪异，在对比中又有节制，给人很强的视觉冲击力。

图5-63 毕加索《亚威农少女》

过去的画家都是从一个角度去看待人或事物，所画的只是立体的一面。立体主义则以全新的方式展现事物，从几个角度去观察，从正面不可能看到的几个角度去观察，把从正面不可能看到的几个侧面用并列或重叠的方式表现出来。在《亚威农少女》中，五个裸女的色调以蓝色背景来映衬，背景也做了任意分割，没有远近的感觉，人物是由几何形体组合而成的。

（三）马蒂斯

亨利·马蒂斯是法国的一位画家，也是野兽主义的主要代表人物。他出生在法国，是毕加索时代最重要的古典现代主义艺术家之一，并且在野兽主义派别中扮演着领导角色。马蒂斯的画作以使用大胆而平面的色彩和自由的线条为特点。图5-64所示的《红色室内、蓝餐桌上的静物》主要采用了红蓝两色，在冷暖碰撞中构造出一幅和谐的静物画。

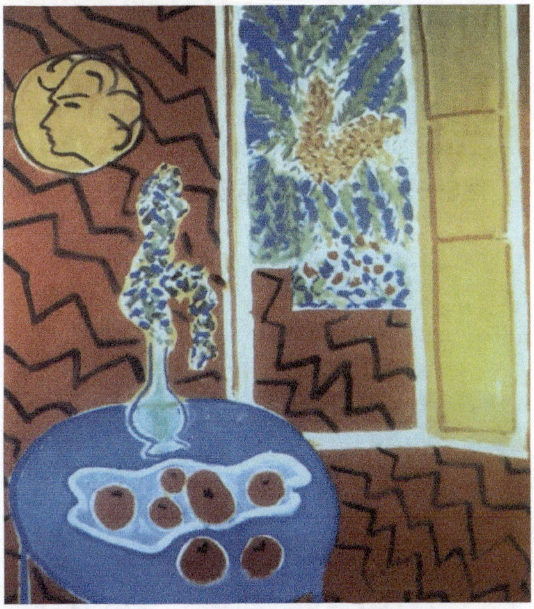

图5-64 马蒂斯《红色室内、蓝餐桌上的静物》（局部）

图5-65所示的《黄与蓝的室内》属于马蒂斯持续创作了30多年的“室内”系列。像这样在画布上呈现私密的空间，让马蒂斯着迷。在这幅画中，艺术家拉近了镜头，并将多个元素放在一起并列呈现：前面的方桌遮住了圆桌的一部分，而圆桌又挡住了后面那幅画的一小部分。在几乎令人觉得压抑的黄色背景中，黑色线条有力地勾勒出各种元素，形成透视效果，显示出艺术家对空间概念独特、全面的思考。

在《蓝衣女人》（见图5-66）中，马蒂斯放弃了以往绘画中所追求的平衡感觉。

马蒂斯的绘图技术极其精确：白色轮廓线鲜明，暗线用细笔或类似工具画出。这些线条界定了平坦、宽广的形式，但没有赋予画面以深度。穿着白色褶边的蓝色长裙的女人坐在扶手椅上，扶手弯曲得像天鹅的脖子。我们无法判断带有十字形图案的黑色区域是地板还是座椅的一部分，毕竟，画中构图的空间感并不突出。

图5-65　马蒂斯《黄与蓝的室内》（局部）

图5-66　马蒂斯《蓝衣女人》

马蒂斯将对象与背景的细节做了省略与归纳，物体与空间均处理为平面的色块，女人所着的蓝衣与背景、椅的红色与黑色形成鲜明的对比，蓝衣上的白边分割着整个画面，白边上的流畅曲线自上而下使画面活跃起来。马蒂斯对女人的面部未做任何深入的描绘，简洁的勾勒与整个造型风格十分协调，同时也更有助于加强整个画面的色彩冲击力和表现力，这点在其他野兽派画家的作品里同样可以得到印证。

马蒂斯的《蜗牛》（见图5-67）是一幅抽象艺术的剪贴画。这幅剪贴画通过蜗牛将观者迂回地带进一个崇高的精神境界。

图5-67　马蒂斯《蜗牛》（局部）

图5-68所示的《伊卡洛斯》的画面十分简单，只包含了形状及构成的颜色。在钴蓝色的无丝毫写实感的天空背景中间，一个黑色浑重的人影垂直下坠。他歪着脑袋张开双臂，像是拥抱的姿势。黑色的身体上一颗亮眼的红色圆点凸显出来，成为画面的中心，熠熠生辉，闪闪发光。

图5-68　马蒂斯《伊卡洛斯》

探索美

1. 参观一次美术馆，解读几幅国画艺术作品。
2. 临摹或写生一幅中国画作品，山水画或花鸟画皆可。
3. 结合自己的看法品评几幅西方绘画艺术作品。

思享汇

绘画作为一种视觉艺术形式，具有独特的表现力和感染力。艺术家可以通过图像、色彩、构图等艺术手段来传达思想，激发观众的共鸣和思考。这种结合可以使绘画作品更加丰富和具有深度，不仅在美学上令人满足，还能引发人们对社会和人生的思考。绘画作品可以传递思想、引发思考，为观众提供一种审美体验的同时也带来思想的启迪。

第六章 翾风回雪势：舞蹈之美

【名人名言】

舞蹈是有节拍的步调，就像诗歌是有韵律的文体一样。

——培根

【学习目标】

1. 了解舞蹈的起源与发展，体会舞蹈之美。

2. 了解舞蹈的类别，掌握舞蹈艺术的审美特征和欣赏方法。

3. 能够运用专业语言对舞蹈作品进行赏析，尝试模仿一个舞蹈作品。

第一节　认识美：舞之印象

《雨巷》(节选)
戴望舒
撑着油纸伞，独自
彷徨在悠长，悠长
又寂寥的雨巷，
我希望逢着
一个丁香一样的
结着愁怨的姑娘。
她是有
丁香一样的颜色，
丁香一样的芬芳，
丁香一样的忧愁，
在雨中哀怨，
哀怨又彷徨；
她彷徨在这寂寥的雨巷，
撑着油纸伞
像我一样，
像我一样地
默默彳亍着，
冷漠，凄清，又惆怅。

《雨巷》是诗人戴望舒脍炙人口的作品，它深蕴中国古典诗词中婉约、清丽诗风的韵致，诗人心目中的“丁香姑娘”更是给读者留下了深刻的印象。女子群舞《小城雨巷》(见图6-1)就取材于这首诗。舞蹈演员身着清新淡雅的长裙，手持淡粉色的丝绸花伞，从出门撑伞、提裙过桥，到天放晴时甩水收伞、夹伞而行，每一个动作都体现着江南女子的柔情与浪漫，仿佛她们就是戴望舒笔下的“丁香姑娘”。该舞蹈还运用了大量影像语言，巨大的屏幕将舞台团团包围，影像巧妙地与舞台布景融为一体，使观众有了身临其境的感受，仿佛在雨中走入江南小巷。

《辞海》(第七版)中对于“舞蹈”一词是这样解释的：“以经过提炼、组织和美化的人体动作为主要表现手段，创造可被具体感知的生动的形象，表达思想感情，反映社会生活。是一种时间性、空间性、综合性的动态造型艺术。”舞蹈是人类历史上最早产生和形成的艺术形式之一，被称作“一切艺术之母”。中国在公元前6世纪已有相对成熟的舞蹈艺术。舞蹈起源于丰富多彩、变化万千的社会生活对人肉体和心灵的直接刺激，在历史发展的长河中各个民族也形成了独具特性的舞蹈艺术，它们记录着民族的历史与精神，传递着人类的情感。

图6-1　《小城雨巷》

一、舞蹈的起源

舞蹈是最古老的艺术之一，是一种文化形态，是人体在时间、空间、力量的变换中创造的艺术。舞蹈表现生命的情感，表现人的思想和意志，是最直接、最自由、最具优势的，其感人之深、动人之切，为所有艺术形式之首。

关于“舞蹈起源”的问题，古今中外许多学者提出了各种学说。

模仿是人的本能，因此有的学者认为舞蹈是在模仿中产生的。原始人类通过模仿各种野兽的动作和习性或是自然景物的动态形象来进行舞蹈，如《尚书·舜典》中记载有“予击石拊石，百兽率舞”[①]的音乐活动，描绘的是人们以石制乐器伴奏，扮作各种野兽来表现驯服百兽的愿望或欢庆胜利的场景。直至今天许多少数民族舞蹈中仍然保留了一些模拟动物形态的动作，如蒙古族舞蹈中“雄鹰展翅”的动作、傣族舞蹈中最负盛名的“孔雀舞”等。

一些学者主张舞蹈起源于劳动的理论。人类在劳动中有了规律动作，身体也越来越灵活，劳动间隙人们试着去寻找放松活动，由此便产生了舞蹈。如流行于南方产茶区的民间舞蹈“采茶舞”，它由采茶动作加工而来，表现的是种茶、采茶的欢乐情绪。

人类表达情感的需要可能也是舞蹈的起因之一。《毛诗序》的记载反映了这一特点：“情动于中而形于言；言之不足，故嗟叹之；嗟叹之不足，故永歌之；永歌之不足，不知手之舞之，足之蹈之也。”[②]当语言、歌唱都不足以表达内心激越的情感时，人们便会不自觉地手舞足蹈起来。舞蹈是抒发和表达人类感情和欲望的最佳载体。

还有学者认为，情爱对舞蹈的起源也产生了深远的影响。男性通过舞蹈来展示自身

① 出自《尚书·舜典》，意为“我愿意敲击石磬，使扮演百兽的舞队随着音乐的旋转起舞”。

② 出自《毛诗序》，意为“心被情感触动必然就会表达为语言，语言不足以表达，就会吁嗟叹息，吁嗟叹息不足以表达，就会长声歌咏，长声歌咏不足以表达，就会情不自禁地手舞足蹈”。

的强大，以获得女性的青睐。同时原始人为了生存需要，把繁衍看作非常重要的事情，他们将舞蹈作为繁衍训练的重要手段，如位于内蒙古自治区境内的乌兰察布岩画中就有两性拥抱舞蹈的图像。

以上关于舞蹈起源的种种说法虽然都具有某些合理的因素，但又不十分完整。从为了生存的实用功利性，到形成审美观念，舞蹈的起源和形成应该是一个漫长的由量变到质变的过程，而不是某个历史人物或某个历史阶段轻而易举创造的产物，它是诸多因素共同作用的结果。

二、舞蹈的发展

（一）中国舞蹈发展历史

1. *原始舞蹈*

我国的舞蹈文明在一万年前就已经出现了，也可以说，我国的舞蹈之美在一万年前就伴随着舞蹈文明的出现而出现了。

原始社会的舞蹈与我们当今的概念有所不同，它是由歌、舞、乐三者组成的。舞蹈内容与先民们的劳动生产、人口繁衍、氏族部落之间的战争、颂扬氏族英雄、原始宗教信仰等方面有关。如《吴越春秋·越歌》记载的“断竹、续竹、飞土、逐宍”就是反映劳动生活的；《易经》中的《中孚》：“得敌，或鼓，或罢，或泣，或歌”就是反映氏族部落战争的；黄帝时期的代表乐舞《云门大卷》、尧时的《咸池》、舜时的《韶》都是歌颂自己氏族部落首领、图腾的乐舞。

我们在一些远古的文物中也能见到一些当时的舞蹈形象。如1973年在青海省大通县上孙家寨出土的舞蹈纹彩陶盆（见图6-2），是迄今所知年代最古老的具有原始舞蹈图像的陶器，距今约五千年，是新石器时代遗物。陶盆内壁上有三组舞蹈者，每组5人，舞蹈者们正手牵手，翩翩起舞。他们步伐十分一致，舞蹈者头上的发辫或装饰物随着头的摆动朝着一个方向微微翘起。在舞蹈者跳跃着的两腿中间多出了一条黑线。对此，有不少学者猜测这是动物的尾饰。这些舞蹈者身着自己氏族特有的图腾装饰，用热烈的图腾舞姿和歌声，表达对自己想象中的始祖的亲切认同。

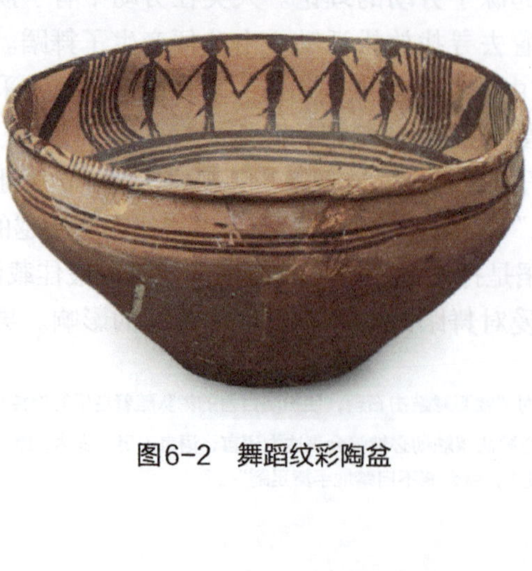

图6-2 舞蹈纹彩陶盆

2. 礼乐制度

自夏禹传位于子启进入了奴隶社会。经过夏、商两朝到西周建国，奴隶制达到鼎盛时期，周代的统治阶级充分地认识到乐舞用于政治的社会作用，而制定出礼乐制度。

为了贯彻这种礼乐制度，周王室整理了前代遗存的乐舞，包括黄帝的乐舞《云门大卷》、尧的乐舞《咸池》、舜的乐舞《韶》、禹的乐舞《大夏》、商汤的乐舞《大濩》及周武王的乐舞《大武》，总称为六代舞，用于祭祀；并设立了庞大的乐舞机构“大司乐”，贵族子弟要受严格的六艺（礼、乐、射、御、书、数）教育。西周的礼乐制度是奴隶社会政治文明的重大创造，集周以前古代舞蹈之大成。

3. 汉代“俗乐”

汉武帝时期，汉帝国已是当时世界上最强大的帝国之一。政治稳定、经济繁荣带来了文化艺术的极大发展，汉代是我国古代乐舞发展的第二个高峰。汉代比较盛行的是“俗乐舞”，即表现民间习俗的歌舞，形式活泼多样，没有严格的等级之分。

汉代的乐舞大体分为“文舞”和“武舞”两类。代表性的文舞有长袖舞（见图6-3）、徒手舞等。“长袖细腰，扬袖踏鼓”是普遍盛行于两汉时期的舞蹈风格，它充分显示了在蓬勃发展的汉代社会里，人民勇于进取、充满自豪感的精神面貌。代表性的武舞有“建鼓舞”和“盘鼓舞”等。二者都是鼓声激昂、舞姿豪放的擂鼓舞蹈，气势恢宏雄壮，烘托出大汉宏大的气势。武舞的另一个代表是“角抵百戏”，包括比赛技艺、射箭、舞剑、驾车等。

图6-3 汉代长袖舞

4. 建安风骨与白纻舞

建安时期，以曹氏父子与建安七子为代表的广大文人大夫冲破了两汉以来的礼教束缚，他们提倡个性，要求思想解放，这种社会风气也直接影响了建安时期的舞蹈艺术，使建安时期的歌舞充满了浪漫的色彩。建安时期的舞蹈审美理想在曹植的《洛神赋》中体现得淋漓尽致："翩若惊鸿，婉若游龙，荣曜秋菊，华茂春松。仿佛兮若轻云之蔽月，飘飖兮若流风之回雪……"文中的歌舞者娴婉柔媚，飘飞曼舞，时而像翱翔的惊鸿，时而像柔婉的游龙，飘忽不定地飞舞着，婀娜多姿，美妙不可言喻。

这种舞蹈风格的代表是白纻舞，它因舞者穿白纻所制长袖舞衣而得名。白纻是一种细麻布，像薄纱一样，舞蹈时舞者双手举起，长袖飘曳生姿，形成各种轻盈的动态，充满浪漫的色彩。

5. 魏晋南北朝的舞蹈

魏晋南北朝时期是我国舞蹈艺术发展史上的一个重要阶段。

由于长期处于分裂局面，魏晋南北朝时期的舞蹈艺术呈现出南北方分头发展的形势。北方由匈奴、羯、氐、羌、鲜卑等少数民族统治，受西域影响较多，胡乐胡舞兴盛，风格粗犷豪放，如《天竺乐》《龟兹乐》《疏勒乐》《高昌乐》等；原北方汉族统治者南迁后在江南建都，因此南方相对生活安定，商业繁荣，"清商曲"、百戏和故事歌舞盛行，轻歌曼舞，华丽纤巧。

6. 隋唐时期的舞蹈

唐代是我国舞蹈艺术发展的第三个高峰。魏晋南北朝时期丰厚的舞蹈资源的积累，为唐代奠定了基础；人们珍视歌舞，以善歌舞为荣，从天子到宫廷艺人、民间艺人、平民百姓，都喜歌善舞；加之唐朝与各国、各民族交流频繁，进一步丰富了唐代的乐舞。

唐代乐舞包括九部乐、十部乐，坐、立部伎共14部乐舞，以及健舞、软舞、歌舞大曲和民间乐舞等。《霓裳羽衣舞》是唐代著名的歌舞大曲，是歌、舞、乐一体的大型乐舞套曲，由唐玄宗李隆基亲自作曲，舞蹈家中则是杨贵妃舞得最好，表演时头戴一串垂珠，身披霞帔，着彩裙，翩翩起舞，具有虚幻缥缈的意境。

唐代健舞刚健快捷，如剑器舞、胡旋舞（见图6-4）等。在白居易所作《胡旋女》中，胡旋舞者的姿态神情跃然纸上："胡旋女，胡旋女。心应弦，手应鼓。弦歌一声双袖举，回雪飘飖转蓬舞。左旋右转不知疲，千匝万周无已时。"软舞柔婉抒情，如《绿腰》《凉州》等，其中《绿腰》舞姿轻盈柔美，富有浪漫情调，在五代画家顾闳中的《韩熙载夜宴图》（见图6-5）中就有绿腰舞的场面。

总体来说，唐代的舞蹈艺术种类纷繁复杂，但却渗透着共同的美学思想——轻盈、飘逸、秀美、向上、诗意浓郁。唐代的舞蹈充满着诗意，它使我国传统舞蹈美学思想更加发扬光大。

7. 宋代的舞蹈

宋代歌舞在我国舞蹈史上占有重要地位，它上承西周、汉魏、南北朝、隋唐歌舞之遗风，下启元、明、清以来的戏曲艺术之隆盛，是中国古典舞和戏曲舞蹈形成和发展的重要时期。宋代社会经济的发展和个体意识的觉醒使得平民文化、民间艺术高度发展，舞蹈艺术在其中的发展态势也呈现出相应的特点。

图6-4 莫高窟壁画中的胡旋舞

图6-5 《韩熙载夜宴图》（局部）中的绿腰舞

宋代代表性的宫廷乐舞是“队舞”，它是一种宋承唐制的多段体歌舞套曲，并在此基础上吸收、发展了诗歌、道白等其他艺术形式而形成的舞蹈，主要用于宫廷宴飨及官府典礼。

宋代时期民间舞蹈兴盛。两宋时期城市商业日趋繁荣，市民娱乐生活大大发展，生动活泼、诙谐有趣的民间歌舞受到广泛的欢迎，它们在瓦舍勾栏或者露天广场茁壮成长，包括歌舞百戏、社火、抱锣、跳钟馗、扑旗子等。

宋代还出现了舞蹈与戏曲相融合，逐渐形成独特的戏曲舞蹈表演程式。北宋杂剧中包括歌舞、音乐、故事、调笑、杂技，如《人面桃花》《西厢记》等都是以歌舞为主的歌舞戏。这种形式为后世的南杂剧、元杂剧以及明清的戏曲艺术奠定了基础，从此中国古代舞蹈逐渐被各种戏剧所吸收。

8. 元杂剧中的舞蹈

元杂剧是在宋杂剧的基础上发展而来的。在元杂剧渐趋成熟的发展过程中，杂剧艺术家们继承和吸收了许多宋金以来的戏曲音乐、宫廷队舞、民间舞的元素，形成了融念、唱、科为一体的综合表演形式。

在元杂剧中，肢体语言和表情均被称为“科”，据《南词叙录》[①]记载：“科相见、作揖、进拜、舞蹈、坐跪之类，身之所行，皆谓之科。”可见戏曲中的动作很多来自生活，但又是生活动作的提炼和美化。戏曲中也有与剧情相关的舞蹈段，被称为“舞科”，大部分是在继承和吸收古代丰富的舞蹈艺术的基础上，根据剧情需要加以改编和插入的，如元杂剧《唐明皇秋夜梧桐雨》中就插入了杨贵妃表演的《霓裳羽衣舞》。

同时，出于表现剧情的需要，戏曲还吸收了杂技和武术的成分，常用来模拟激烈打斗的场面或是烘托激烈的氛围。

9. 明清时期的戏曲舞蹈

明清时期，戏曲对舞蹈的吸收和运用又有了进一步的发展。

例如我国最古老的戏曲声腔、剧种——昆曲，最大的特点就是歌舞合一、唱做并重，它的身段、动作等都具有很强的舞蹈性，如《钟馗嫁妹》《思凡》等都是舞蹈性很强的昆曲剧目。清代则出现了很多由民间歌舞发展而来的地方戏，如由“花鼓”等民间歌舞发展而来的“花鼓戏”，在“采茶调”“龙船”“狮子”“莲湘”等多种民间艺术结合的基础上发展起来的“黄梅戏”等。

10. 近代以来的舞蹈

民国时期是中国社会剧烈动荡的时期，也是中国舞蹈获得重生、再造的时期，新舞蹈艺术崛起。所谓“新舞蹈”，不同于旧式舞蹈，它通常采用现实主义的创作手法，捕捉时代大潮下典型的人物形象，关注现实民众、现实生活，关注民族命运，体现人生的价值。如反映人民悲惨生活、揭露黑暗现实的《饥火》，揭露帝国主义侵略行径的《罂粟花》，歌颂人民群众团结一心、同仇敌忾的《虎爷》等。在舞蹈技艺上，新舞蹈将中国民族舞蹈与现代舞蹈相融合，但所有动作都是依据所要表现的内容特别设计的，动作外形上已看不到现代舞或是民族舞的舞蹈形式。新舞蹈艺术深刻影响了中国当代舞的创作和发展。

①《南词叙录》是明代徐渭撰写的古代中国戏曲理论专著，也是宋元明清四代唯一的一部研究南戏的专著。全书比较全面地论述了南戏的源流和发展、南戏的艺术风格和特色、南戏的声律、南戏的作家作品，以及南戏常用术语、方言的考释等，最后附以戏文目录。

知识链接

吴晓邦是20世纪中国新舞蹈艺术的先驱、开拓者、播火人。吴晓邦青年时代受到新文化运动的影响，创作了《傀儡》《送葬》《小丑》等一系列反映社会现实的舞蹈。抗日战争爆发后，他毅然投入民族自强的战争中，以满腔热忱创作了一百多个振奋人心、控诉日本帝国主义行径的作品，如《义勇军进行曲》《大刀进行曲》《丑表功》《饥火》《流亡三部曲》等。1945年他奔赴延安，随军转战，担任“四野舞蹈团”团长。中华人民共和国成立后，他继续从事舞蹈创作并长期担任舞蹈教学工作，为中国舞蹈事业的发展培养了一大批骨干。

（二）西方舞蹈发展简史

西方早在古希腊时期就有丰富的舞蹈艺术了。古希腊人尊敬和称羡结实、健美的人体，因此舞蹈这种以人体美为中心的艺术也受到了普遍的欢迎，人们认为音乐和舞蹈是最能体现人体精神美和肉体美之和谐的方式，当时甚至形成了一种专门的学问——“奥尔赫斯底卡”（即“舞蹈术”），教人如何表演舞蹈，做出种种姿态。古希腊的舞蹈普遍来源于战争、运动和祭祀，是一种与颂诗（朗诵）、音乐紧密结合的综合性演出，以群舞为基础，动作简单，主要是组成一些不同的图案，注重协和性，而不突出个性。

古罗马时期，古希腊文化艺术传入罗马，经过当地居民的消化改造，发展成了独特的“拟剧”（即“哑剧”）艺术形式。它是一种戴面具表演故事的戏剧舞蹈形式，集诗歌、散文、音乐、舞蹈甚至魔术和走绳套之类的各种杂技于一体。通过拟剧表演，一方面消遣娱乐，另一方面也可起到喻世教诲的作用。当时最为著名的拟剧大师是巴蒂路斯和比拉德斯。他们的表演十分精彩，喜怒笑骂，入骨三分，被世人公认为罗马拟剧的奠基人。

古罗马灭亡后，欧洲开始了一个漫长的历史时期，史称“中世纪”。中世纪的欧洲是以自然经济占统治地位的封建社会，它固然有愚昧野蛮、残暴冷酷的一面，但同时也有着丰富多彩的市民文化和民间节庆歌舞表演。它在民间节庆歌舞表演中保存了不少古代各国民间舞蹈的优秀成分，这些优秀成分之后又从这里流传到古典芭蕾艺术中去，对之后芭蕾舞的兴起与发展产生了积极的影响。

文艺复兴时期，随着人文主义思潮的发展，人们纷纷反对教会的禁欲主义，提倡个性解放，个性自由，芭蕾舞也在这一时期诞生了，并在之后长达几个世纪的时间里占据着西方舞台。

芭蕾，即法文“Ballet”的音译，意思为“跳舞”。早期的芭蕾舞并不是我们现在所见到的“足尖上的舞蹈”，它的发展经历了漫长的过程，直到19世纪（古典芭蕾时期），芭蕾舞才发展为一门独立的艺术，创造了“足尖舞”技巧，并形成了一套完整的训练方法。

芭蕾舞要求高度的人体美形式，女子以脚尖技巧为主，依靠脚趾末端站立，表演各种动作或造型，突出舞蹈者的高大、挺拔、飘逸；男子则以大跳和旋转技巧为主。总之，无论男女演员都要做到动作和姿态的典雅、整齐和富有雕塑感。由于古典芭蕾时期的美学规范是在欧洲宫廷演剧的环境中形成的，因而动作、舞姿、技巧都体现当时当地人的审美理想。芭蕾舞把追求崇高目标的激情和超乎现实的昂扬情绪，象征化为脱离地面往上运动的意向和克服地心引力的意志。几百年的时间里产生了非常多的芭蕾舞经典作品，如《天鹅湖》《罗密欧与朱丽叶》《吉赛尔》《胡桃夹子》《仲夏夜之梦》《睡美人》等。

进入20世纪之后，芭蕾舞过于僵化的程式动作逐渐引起人们的反感，人们开始尝试打破束缚，一种更自由的舞蹈——“现代舞”逐渐获得艺术家与观众的喜爱。同时随着拉丁舞、踢踏舞等一系列民间舞蹈登上艺术舞台，西方舞蹈艺术进入了一个新的繁荣时代。

三、舞蹈的种类

舞蹈是全人类所共享的一种艺术形式，其种类、样式、风格之多，让人难以想象。为了更好地了解舞蹈的艺术特性，我们根据舞蹈的作用和目的，将其分为“生活舞蹈”和“艺术舞蹈”两大类。生活舞蹈是人们为自己的生活需要而进行的舞蹈活动，艺术舞蹈则是为了给观众欣赏而表演的舞蹈。

（一）生活舞蹈

1. 习俗舞蹈

习俗舞蹈，又称节庆、仪式舞蹈，是我国许多民族在婚嫁、丧葬、种植、收获及其他一些节日所举行的各种群众性的舞蹈活动。这些舞蹈表现了各个民族的风俗习惯、社会风貌、文化传统和民族性格特征。各个地区几乎都有自己的习俗舞蹈，如汉族的秧歌、苗族的芦笙舞、彝族的阿细跳月、土家族的摆手舞、水族的铜鼓舞、瑶族的长鼓舞、蒙古族的盅碗舞等，数不胜数。

2. 宗教、祭祀舞蹈

宗教、祭祀舞蹈是人们用以祭祀天地日月、祖先神灵，祈求风调雨顺、消灾除疫的舞蹈活动的总称。祭祀舞侧重表现原始习俗仪式的残存和延续，宗教舞则为特定的宗教仪式服务并表现其独有的宗教内容。如我国周代的《六舞》就是著名的祭祀舞蹈。至今流传在我国广大民间的舞蹈，如“太平鼓”“端公跳神”“傩舞”“跳丧”“师公舞”“萨满舞”，以及遍布全国的“龙舞”等，都带有浓厚的原始宗教祭祀性质。

3. 社交舞蹈

社交舞蹈是人们在文化生活中广泛流传和具有群众性的舞蹈活动，是人们进行社会交往、增进友谊、联络感情的舞蹈。我国汉代就有被称为“以舞相属”的社交舞蹈。许多少数民族在各种节日所进行的群众性的舞蹈活动也具有社交舞蹈属性，如前文所提到的芦笙舞、阿细跳月等，它们多是青年男女进行社会交往、自由选择配偶的社交活动。

4. 自娱舞蹈

自娱舞蹈是人们以自娱自乐为唯一目的的舞蹈活动，人们用舞蹈来抒发和宣泄自己内在的情感冲动，从而获得审美愉悦的充分满足。自娱舞蹈不但给予舞蹈者情感上的刺激和满足，还会进一步激发即兴舞蹈的灵感。

5. 体育舞蹈

体育舞蹈是舞蹈与体育相结合，以艺术审美的方式锻炼身体，使身心全面健康发展的舞种，如各种健身操、韵律操、艺术体操、冰上芭蕾等。广义上我国传统的五禽戏、形意拳、舞剑、舞刀等均可归入体育舞蹈之列。这类运动形式大多已被列为体育锻炼项目，其锻炼作用大于审美。不过，目前世界潮流正向着体育和舞蹈高度结合的方向发展，体育舞蹈的审美作用与锻炼功能日益趋向交融。

6. 教育舞蹈

教育舞蹈是指学校、幼儿园等进行审美教育的舞蹈活动，可用来陶冶和美化人的思想感情、道德情操，培养人的团结友爱，加强礼仪，以及增进身心健康。

（二）艺术舞蹈

艺术舞蹈是指由专业和业余舞蹈家通过对社会生活的观察、体验，并经过分析、集中、概括和创造，保持主题思想鲜明、艺术形式完整、技艺水平较高，塑造出典型的艺术形象，由少数人在舞台或广场上表演给广大群众观赏的舞蹈作品。艺术舞蹈品种繁多，根据舞蹈的不同风格特点，可分为古典舞蹈、民间舞蹈、现代舞蹈和当代舞。

1. 古典舞蹈

古典舞蹈是一种古代流传下来的在一定时期内认为是正宗或典范的舞蹈样式。在世界历史的进程中，舞蹈和其他艺术样式一样，伴随着社会生产和经济的发展，从分散的民间舞逐渐走向典范的古典舞，形成严谨的动作规范、完整的训练体系。古典舞具有历史的内涵，是人类几千年舞蹈文化沉淀下来的艺术结晶。每一个发达的古代文明民族，都有独特的古典舞蹈样式。

（1）中国的古典舞蹈

中国古典舞蹈主要是指中国古代具有典范意义的舞蹈，如西周的《六舞》，汉代的《盘鼓舞》《翘袖折腰舞》《建鼓舞》，魏晋南北朝的《白纻舞》《清商乐舞》，隋唐时期的《绿腰》，唐代的《霓裳羽衣舞》《剑器舞》，宋代的“队舞”，元明清的戏曲戏剧舞蹈等。舞蹈内容多是对帝王将相的歌功颂德、对太平盛世的夸赞。舞蹈讲究排场，规模宏大，典雅华美，服装与道具精美。由于中国古代舞蹈自宋元戏曲兴起后逐渐走向衰落，其中部分舞蹈被戏曲吸收，中国古典舞因而没有完整地流传到今天。

（2）世界各地的古典舞蹈

世界各地还有很多有名的古典舞蹈，它们植根于自己独特的文化土壤当中。如在欧洲，芭蕾舞作为正宗的古典舞蹈统治了西方舞台长达几个世纪的时间；充满浓重的宗教色彩的印度，古典舞与宗教密切相关；受到中国古代文化很大影响的日本，将中国古代的宫廷雅乐保存至今，使其成为古典舞蹈的活文物。这些古典舞蹈总是能保持自己最本质的艺术特征，记录着一个时代、一种文化，对现代社会产生着永久的影响。

2. 民间舞蹈

民间舞蹈起源于人类劳动生活，它是由人民群众自创自演，表现一个民族或地区的文化传统、生活习俗及人们精神面貌的群众性舞蹈活动，也称为“土风舞”。它产生于人民的劳动和斗争生活，并在世代相传的过程中经过人民群众不断加工。由于各民族、各地区人民的生活、历史、风俗习惯以及自然条件的不同，形成的舞蹈风格和特色差异明显。民间舞蹈是专业创作的基础，舞蹈工作者通过考察、搜集、整理、加工、再创作，将民间舞蹈进行艺术化处理，创作了许多优秀的作品，也为民族舞蹈赋予了全新的生命力。

拓展学习

（1）中国的民间舞蹈

我国历史悠久，民族众多，幅员辽阔，地貌多样，因而民间舞蹈丰富多彩、千姿百态。

汉族的民间舞蹈，总的来说，北方地区多具古代燕、赵、秦的古朴刚劲之遗风，如陕北秧歌、东北秧歌、华北秧歌、山东秧歌等；南方地区则以纤巧秀丽、婀娜多姿见长，如云南花灯、江苏花鼓、福建采茶、广西彩调等；而地处黄河、长江之间的淮河地区则兼收南北之长，形成刚柔相济、男子矫健、女子俊俏的舞蹈风格，如安徽花鼓灯等。

少数民族的分布则相对松散，一些少数民族居住在草原、高原、山区、边疆等地，完全不同的自然环境和风俗习惯都在各自的民间舞蹈中体现了出来，如居住在草原的蒙古族，舞蹈表现骑牧生活，动作刚强、节奏激烈；居住在南方农业区的壮族、黎族、哈尼族等民族的民间舞蹈，多表现舂米、采茶等劳动生活；居住于边陲之地的维吾尔族，长期受到沿古丝绸之路传来的西方文化、政治、宗教的影响，其舞蹈既有中国特色，又汲取了西域舞蹈的精髓。

（2）世界各地的民间舞蹈

现如今经过加工和再创作，已发展为较成熟的艺术舞蹈的民间舞蹈还有很多，如来自阿拉伯的东方舞（俗称“肚皮舞”）、来自西班牙的弗朗明哥舞、来自阿根廷的探戈舞、来自爱尔兰的踢踏舞等，它们在世界范围内享有广泛的声誉。

3. 现代舞蹈

现代舞蹈是19世纪末和20世纪初在欧美兴起的一种舞蹈流派，是以反对古典芭蕾封闭僵化、脱离现实生活和单纯追求技巧为前提所产生的文化现象，主张以合乎自然运动法则的舞蹈动作，自由地抒发人的真实情感。

传统意义上的美，并不是现代舞所追求的目标，从编排、语汇、气息到技术技巧，现代舞自诞生以来一直在探索肢体的无限可能。

韩舞、爵士舞、街舞、MTV舞蹈（MV中会跳的舞蹈）等娱乐化倾向较重的舞蹈不是现代舞，现代舞一般都有其创作动机，如对某些主题的思考、对美学概念的探索、对故事情节的描述等，一般不会成为某首音乐或歌曲的附属品。

第十二届“荷花奖”现代舞作品《烈火中永生》根据重庆解放前夕的一段真实历史改编，舞蹈中的每个人物都有原型。王舸等导演在人物形象塑造和戏剧冲突上有着自己独特的创作认知，在作品的舞蹈情节上设计有“绣红旗”“解放的歌声”“先烈们的遭遇”“狱中夫妻情深”等片段，以革命浪漫主义情怀衬托革命先烈们的大无畏精神和信仰之光。通过浮雕般的革命者群像表现视死如归的英雄气概，其蕴含的牺牲精神、乐观主义精神已经熔铸为中华民族的精神财富，深化了作品的思想。作品成功塑造出了一系列形象鲜明且饱满的革命英雄人物形象。

4. 当代舞

当代舞是中国独有的一个舞种，出现于20世纪50年代。很多当代舞都以平时生活中的故事作为主题，也会选择一些非常生活化的动作。

当代舞在作品选材上鲜明地指向了中国人当代生活的感情状态，对于中国戏曲舞蹈、芭蕾舞、西方现代舞中的舞蹈元素则采取了兼收并蓄的方式，进行吸收融合再出发，从而发展出新的风格。

《永不消逝的电波》（见图6-6）是一部非常精彩的谍战题材的舞剧，通过表达爱与信仰的深层含义，激发了观众的爱国情怀。长河无声奔去，唯爱与信念永存。这部舞剧带来的不仅是审美与情感的体验，也是信仰与力量的传递。演员灵动的身姿、饱满的情绪，充满感染力；服装和灯光色彩交融柔和舒适，舞台画面时而大气磅礴，时而阴森紧张，时而动人心魄。静默无声的氛围下，舞台传递给观众的这份情感更加真挚，信念也越发纯粹。

图6-6《永不消逝的电波》

第二节 剖析美：舞蹈艺术的审美特征和类别

一、舞蹈艺术的审美特征

舞蹈艺术的审美特征概括起来主要有形象性、感染性、功利性、独创性、技艺性等。

（一）形象性

任何优秀的舞蹈作品，一定创造了生动的、鲜明的、具体的形象，使观众产生了审美感知。舞蹈以人的身体为物质载体，相较于其他艺术形式，它在表现社会生活的可能性上有着比较大的局限性，但是在表现人的情感等精神方面，舞蹈有着其他艺术无法比拟的力量。例如，在表现劳动、爱情、战斗生活的舞蹈题材中，舞蹈形象能强烈地表现出人的求生存、求发展的内在生命力量，具有巨大的审美力量和感染力量，更容易激发欣赏者的情感共鸣。

（二）感染性

具有能够直接打动人、从感情上引起人们爱慕和激动的力量，是舞蹈作品成功的最高标志之一。因此体验生活对舞蹈艺术家十分重要，社会生活是艺术创作的基础，只有体验生活才能创作出感人至深的作品。在创作、表演过程中，舞蹈艺术家把自己的体验与充沛的激情灌注到所创作的形象里，从而引起观众情感上的共鸣，或欢欣，或喜悦，或悲痛，或愤恨，或哀伤，这种情感的产生正是人们在精神生活中需要和渴求的，当这种需要和渴求得到满足时，必然产生生理和心理上的快慰，这种生理和心理上的快慰就是舞蹈审美感染所获得的愉悦。

（三）功利性

我们进行舞蹈审美活动，是因为它直接或间接地对我们的生活有益、有利。通过欣赏舞蹈，我们可能身心得到了休息和娱乐，可能感受到大自然的魅力，可能了解、认识了一段历史或一个民族，可能惊叹于人类伟大的创造力，可能产生创造的热情或对生命的热爱等，这就是舞蹈审美的功利性。

（四）独创性

独创性是指舞蹈作品所体现出来的舞蹈艺术家对生活、对美的独特发现和个性化的艺术处理。独创性可以通过多方面表现出来，诸如构思、主题、结构方式、形象塑造、取材角度、表现手法等。值得注意的是，任何独创性都是和民族性紧紧联系在一起的，艺术独创性不可能脱离本民族艺术传统而凭空产生。这就要求舞蹈艺术家始终植根于民族土壤，创造出符合时代特性、符合人民群众需要的具有独创性的作品。

（五）技艺性

由于舞蹈艺术主要通过舞者的人体动作来塑造形象、传递感情，随着舞蹈表现题材范围的不断扩大和主题内容的进一步深化，舞蹈艺术也对舞者的技艺提出了更高的要求。舞蹈的技艺是多方面的，如舞者的技巧性动作（如跳跃、旋转的各种技巧），以及舞者刻画形象的能力和情感的表现力，身体动作只有与灵魂结合起来才能带来心灵的震撼。

舞蹈的技艺还表现在艺术结构、画面组织、舞蹈语言提炼、舞台合成等多个方面，这就要求舞蹈编导具有正确认识生活和概括生活的能力，具有丰富的社会历史知识和较高的文学艺术修养，善于运用舞蹈形象思维捕捉舞蹈艺术形象，发挥舞蹈艺术想象力和创造力。舞蹈艺术的技艺性越高，就越能刻画出鲜明而深刻的形象，就越能引发观众的共鸣，观众获得的美感也就越强。

二、舞蹈艺术的审美类别

舞蹈作品由于题材、体裁、形式、风格的不同，所呈现的审美物化形态也千差万别。根据舞蹈艺术发展的现状，舞蹈美的形态分为五类：优美、壮美、悲剧美、喜剧美和古拙技艺美。

（一）优美

优美，即优化欢悦之美，是舞蹈美最多见的形态之一。它在形式上呈现为和谐、平静、稳定，并给欣赏者以比较赏心悦目、心旷神怡的审美愉快。例如欣赏《雀之灵》《飞天》《小城雨巷》《春江花月夜》《踏歌》等作品，我们会感受到轻盈、秀丽、典雅、柔媚的美；欣赏《红绸舞》《幸福的草原》等，尤其是我国传统民间舞蹈中的秧歌、摆手舞、龙灯舞等，我们又能感受到欢快、红火、热烈、舒畅的美。

（二）壮美

壮美，即雄壮的美和崇高的美，也被称作“阳刚之美”。它在形式上多呈现为雄伟、豪放、刚烈、动荡、壮丽、凛然正气等。例如，欣赏《大武》《破阵舞》《剑器舞》等，或欣赏《秦王点兵》《奔腾》《黄河魂》《进军舞》《士兵与枪》等时，我们能感受到雄伟的气势、激越的情感；欣赏《狼牙山》《蝶恋花》《高山下的花环》《飞夺泸定桥》等，我们又能感受到英雄崇高的精神和伟大的品格。

（三）悲剧美

悲剧美，是一种在悲剧性的矛盾冲突中，体现人物与事件的正义和理性，而又以正面人物的不幸结局为审美对象，所引起的特殊美感形式。悲剧美在艺术作品审美中有着十分重要的地位。舞蹈的悲剧美通过刻画某个悲剧形象、讲述某个悲剧故事来展现一种力量，这种力量能够引起观众的共鸣，使观众得到一种心灵的感悟和震撼。许多著名的舞蹈艺术作品都属于悲剧美的类别，如经典芭蕾舞剧《罗密欧与朱丽叶》，我国的舞剧《梁山伯与祝英台》《阿诗玛》《大红灯笼高高挂》等。

（四）喜剧美

喜剧美，本质是对丑的揭露和否定，是美战胜丑、善战胜恶，是对人生消极价值的无情否定。喜剧美有四种表现形态：滑稽、讽刺、幽默和诙谐。

滑稽是以丑的形式表现美的内容，或以美的形式表现丑的内容，内容与形式的矛盾显现一种荒谬可笑的反常现象。例如唐代歌舞戏《踏谣娘》的故事，一个面貌丑陋、无钱无官又好喝酒的男人，喝醉之后常常殴打他的妻子；而他的妻子是一位能歌善舞的女子，万般无奈之下，只好把满肚子的愁怨通过歌舞表达出来。女子的哭诉与男人滑稽笑乐的表演产生的强烈对比，引起人们对女子不幸生活的同情和对男人行为的控诉。

讽刺，是用冷嘲热讽的手法，把生活中丑恶的事物无情地揭露出来，使人们从中得到贬斥丑恶的情感愉悦，从而得到戏剧性的审美效果。如小舞剧《抢亲》通过将熊假扮成新娘、大闹华堂的故事，讽刺了地主阶级丑恶、愚蠢的形象。

幽默，是讽刺与友善的巧妙结合，其特点是以同情、宽厚的态度对待否定的事物，并巧妙、机智地将这种态度披露出来。如秧歌剧《兄妹开荒》中，妹妹给下地开荒的哥哥送茶饭，哥哥为了逗趣妹妹，故意装懒汉不肯劳动，结果惹来了妹妹的不满和批评，幽默的小故事传达了“劳动光荣”的主题，歌颂了劳动人民的形象。

诙谐，是善意的戏谑和含蓄的逗乐，接近于轻度的幽默。如彝族舞蹈《喜背新娘》《猴子掰包谷》等。

（五）古拙技艺美

古拙技艺美是我国传统民间舞蹈所特有的古拙朴实的民俗风情和高难度的舞蹈技艺所表现的美。

古拙朴实的舞蹈美常常从原生态的舞蹈素材和形象材料中提取创造，此类形象具有质朴、自然、古拙、野趣的特色。如杨丽萍编导并主演的舞蹈诗《云南映象》是一部展现云南边疆原生态歌舞的作品，传统而真实的服装道具、不加雕琢的唱腔和原始自在的舞技，充满了原汁原味的云南民族元素。

中华民族的舞蹈艺术历来十分重视舞蹈的技艺性，常常把技艺性作为评价一部舞蹈作品或一位舞蹈演员演出水平的重要因素。例如我国民间广泛流传的“高跷”“舞狮”“龙灯舞”等都是技艺性很强的舞蹈。

第三节 赏析美：经典舞蹈艺术作品欣赏

一、舞蹈艺术欣赏方法

舞蹈美是人体动作的美，欣赏者欣赏舞蹈时，应当首先从视觉出发，关注舞蹈演员不断变化的动作、相对静止的姿态造型以及面部表情、构图画面等。完整意义上的舞蹈作品都是有音乐伴奏的，舞蹈音乐在表达作品的情感内容、塑造人物、渲染气氛等方面都有十分重要的作用，因此欣赏舞蹈时必须同时启动视觉和听觉，这样才能完整观赏、感受和理解舞蹈作品的内涵。想象力也是必不可少的，舞蹈动作是一种远离自然形态的、经过提炼和美化的艺术语言，具有很强的虚拟性和很高的模糊度，欣赏者需要通过想象和联想进行领会、补充和再造。除了以上三个方面，欣赏者还需要以开放的心境，全身心地投入舞蹈欣赏的全过程，与创作者产生情感的共鸣，共同奏出心灵震动的和弦，获得一种深沉博大的快乐体验，这才是完美的舞蹈欣赏体验。

二、经典舞蹈艺术作品欣赏

（一）古典舞蹈

1. 中国古典舞蹈《黄河》

《黄河》（见图6-7）被誉为学院派中国古典舞的代表作之一，久演不衰，其舞台运用了半透明的幕布来投射出黄河的影像，演员在幕布后缓缓起身，透着一层薄纱若即若离，若隐若现，展示出距离感，也体现了一种朦胧的美感。

从舞蹈的艺术形态来看，舞蹈演员们浑身粘着泥浆静坐在舞台中央，在后方只有一艘独木舟缓缓划过，形成静态与动态的对比，巧妙地运用了造型上的艺术特性。演员们运用肢体的韵律，在旁白的烘托中缓缓地舞动，这样的动作与姿态表现了从大河泥沙中诞生的生命，是一种别样的生机盎然，描绘了一幅对称平衡的动态风景画，以一种鲜明的视觉冲击，让观众直观地看见了船的前行，而船的前行也代表着华夏文明的前进。

图6-7 《黄河》

该舞蹈编排以中国古典舞的动作语汇为主。舞台整体结构清晰、形象鲜明、流动感强，编导的巧妙之处在于写意般或虚实结合地推进了作品内在情绪的逻辑发展，从而使作品具有较强的历史感与文化感。

作品中运用了中国古典舞典型的拧、倾、仰、平圆、立圆、八字圆的运动走势及云手、风火轮、大跳、空翻等动作技术来展示力量感。以独舞、双人舞、三人舞、四人舞、群舞等舞蹈形式在空间的大幅度流动，表现了生活在黄河两岸人民的勤劳、勇敢、智慧和不屈不挠的精神。

2. 芭蕾舞剧《天鹅湖》

《天鹅湖》（见图6-8）被誉为世界上最美的芭蕾舞剧。这部作品创作于俄国封建奴隶制即将瓦解、人民思想积极活跃的时期，纯洁真挚的爱情、正义与邪恶的抗争构成了这部芭蕾舞剧的情节。剧中，公主被恶魔变成一只天鹅，王子决定用自己真爱的力量将公主变回人形，最终坚贞的爱情破除了魔法，正义战胜了邪恶。其中，《四小天鹅》为这部舞剧经久不衰的变奏片段。此变奏乐曲轻松活泼，节奏干净利落，描绘出了天鹅在湖畔嬉戏的情景。一系列整齐划一的走、跑、跳、飞等动作，勾勒出了活泼、可爱、调皮、天真的天鹅形象。

图6-8 《天鹅湖》

这部舞剧的突出之处在于创造性地设计出了象征白天鹅的主体动作，如一系列的双臂（翅膀）上下挥拍等。创作者还设计了挥拍双臂（翅膀）低头舔羽毛、两臂屈肘颤动仿佛在抖落翅膀上的湖水等颇具天鹅特点的动作，出色地塑造出了“天鹅少女”的形象。剧中黑天鹅的舞蹈技巧难度极大，尤其是第三幕中的32个“挥鞭转”（在单足支撑下，另一条腿像挥鞭子一般，一次性旋转32次）所展现的技巧水平令人叹为观止。

（二）中国民间舞蹈《雀之灵》

在傣族民间舞蹈“孔雀舞”的基础上加工提炼而成的《雀之灵》是少数民族民间舞

蹈的经典代表。传统的孔雀舞表演者都是男子，戴佛塔形金冠和慈祥的菩萨面具（傣族地区信仰佛教，佛经中有关于“孔雀明王菩萨”的记载），腰间系着细竹和绸布制作的羽翼，表现孔雀漫步林间、水边嬉戏、飞跑追逐、展翅飞翔、开屏抖翅等状态。可见传统的孔雀舞在艺术审美品格上还处于模仿阶段。

杨丽萍创编的《雀之灵》（见图6-9）重在一个“灵”字。她摒弃了繁杂的服装，更注重肢体语言的传达。整个舞蹈的动作集中在上半身，尤其是手部动作——食指和拇指一捏，便艺术性地创造出孔雀头的造型；为了最好地呈现出孔雀的神态，杨丽萍甚至将手指动作细化到了关节；所展现的寻觅、展翅、飞翔、吸水等情景也对手臂的肌肉控制力有极高的要求。孔雀昂首引颈的静态美和细微的动态感被表现得栩栩如生，她灵动的左顾右盼、一颦一瞥都传达了生命勃发向上的精神诉求，表达了对生命精神境界的礼赞。在音乐与光影的配合下，舞者犹如一只圣洁、优雅的孔雀，在湖边迎风起舞，这样诗意的画面让观众久久不能忘怀。

图6-9 《雀之灵》

（三）现代舞《田园》

现代舞《田园》（见图6-10）分《春风》《夏花》《秋雨》《冬冰》四幕。

舞剧《田园》时而柔美灵动，时而慷慨激昂；光影变幻间，四季在舞台上流转变迁，虚幻与现实交替的舞台效果，为观众带来极致的视觉享受。时光的流转亦是无尽的轮回，舞台上众生灵的形象从动物中提炼加工而来，并将情感发展的主脉络放在动物语境之下。这片密林里，他们在喜、怒、忧、惧、爱、憎、欲中缠绕翻腾；他们依偎、相爱、争夺、离别或独自前行……

图6-10 《田园》

（四）当代舞《刑场上的婚礼》

当代舞《刑场上的婚礼》（见图6-11）来源于真实故事，讲述的是中共三大在广州召开后，在党领导的广州起义中，革命伴侣周文雍和陈铁军宁死不屈，在广州红花岗英勇就义，谱写生命与爱情之绝唱的动人故事。

舞蹈从两位烈士走向刑场开始，着重表现他们在刑场上举行婚礼和向群众宣传革命的情景，以二人中弹后仍然屹立着的画面结束。短短6分钟的舞蹈，编导用革命现实主义和革命浪漫主义的手法，歌颂了烈士坚定而崇高的形象，以及烈士在斗争烈火中铸成的纯洁而高尚的爱情。

图6-11 《刑场上的婚礼》

（五）民族舞剧《沙湾往事》

作品《沙湾往事》是一部表现地域特色音乐的舞剧，舞蹈编排上民族气质鲜明；音乐上选取了大量广东音乐经典曲目，如《赛龙夺锦》《雨打芭蕉》作为主要听觉内容贯穿始终，还匠心独运地融汇《平湖秋月》《步步高》等岭南特色音乐，充分展现了广东音乐的底蕴沉香之魅力；在舞蹈道具的选择上也注重凸显广东音乐元素，如男女主角定情信物是高胡、工尺谱等，这些元素无不展示出岭南音乐文化的神韵和精彩。

《沙湾往事》（见图6-12）把观众带到了岭南地域人文世界，从中我们看到了作品传达的主题——广东音乐人对民族音乐创作的执着追求和不屈不挠、自强不息的民族精神；我们也感受到了编导和舞者对岭南的强烈感情，对广东民间音乐人的敬仰之情。

图6-12 《沙湾往事》

知识链接

舞剧是内涵最为丰富、结构最为庞大的舞台戏剧体裁，它是指以舞蹈为主要艺术表现手段，并综合了音乐、舞台美术（服装、布景、灯光、道具）等，表现一定戏剧内容的舞蹈作品。一般来说，一部舞剧首先要有叙述全剧中心内容、标明舞蹈动作特征和音乐设计特色的脚本——舞台剧本；有一个基本的戏剧性结构——一个贯穿始终、首尾呼应的故事，其中有引子、开端、发展、高潮、结局、尾声；有人物形象、情节、冲突；整个舞剧分成若干幕次和场次，每一幕既是上一幕的承接和发展，又是下一幕的前因和铺垫；舞蹈在舞剧中占有绝对比重，根据剧情的需要可以运用独舞、双人舞、群舞、组舞，充分发挥它们的情感功能，以烘托主题、表达强烈的思想感情，最终把剧情推向高潮。

中华人民共和国成立后，我国创作了一大批优秀的舞剧作品，如《红色娘子军》《白毛女》《丝路花雨》《文成公主》《奔月》《木兰飘香》《大红灯笼高高挂》等。

探索美

1. 课下欣赏：对舞蹈艺术的审美是从“观看”舞蹈开始的，建议同学们在生活中更积极主动地观看各种风格的舞蹈，甚至可以学习一门舞蹈。为了能够更好地感受舞蹈艺术的魅力，同学们还需要用心体会生活，不断丰富自己的文化知识，树立正确的世界观、人生观、价值观，这样才能深刻理解舞蹈艺术的思想境界和艺术内涵。

2. 课程活动：组织一次“舞蹈之美”活动，对他人的作品做出审美判断和艺术评价。每位同学可针对以下问题介绍一部舞蹈作品，有基础的同学还可以表演一段舞蹈。

3. 现如今喜欢舞蹈的人很多，但是人们的兴趣更多在于“街舞”“韩舞”“广场舞”等舞蹈上，传统的中国古典舞、民族舞、芭蕾舞等艺术舞蹈似乎逐渐式微，成了“小众爱好”。你如何看待这种现象呢？让各类舞蹈百花齐放，你有什么好的方法呢？

思享汇

1985年以后，我国在全国范围内兴起文艺学方法论的研讨热潮，在这个过程中，苏珊·朗格等西方哲学家对舞蹈的看法被引进中国舞蹈界；李泽厚的“积淀说”引起了舞蹈实践家与理论家们的共同兴趣；人类学、民俗学对于人类文化的特殊观照角度，启发着舞蹈艺术研究者。于是，文化心理结构和文化历史积淀成为两个重要的观念渗透进了舞论，同时成为新的研究起点。老、中、青编导开始展现出了对其他文化领域的学习热情，许多编导的兴趣已经从单纯的舞蹈圈子扩大到文化艺术大背景中，从单一的人体动作扩大到动作与自然的关系上，创作出了一大批如《黄河魂》《大地母亲》《播下希望》《踏着硝烟的男儿女儿》等深入挖掘作品民族魂、民族情、民族气质、民族性格等文化心理的作品。中国的舞蹈家们使舞蹈从茶余饭后的余兴消遣和一般的广场娱乐走向真正与当代人类心路历程相互沟通的严肃艺术，成为一门既能给人审美上的愉悦，又能给人以思想上的启迪的高尚艺术，一门能真正体现出当代舞蹈家们对生活的切实感受和思考的剧场艺术。

第七章 巧艺夺天工：设计之美

【名人名言】

设计不同的东西，其实是在享受不同的东西。

——梁志天

【学习目标】

1. 掌握建筑的审美特征与欣赏方法，体会建筑艺术之美。
2. 主动交流、合作探究及欣赏设计作品。

第一节　认识美：设计的审美思维

在我们当下的生活里，设计无处不在。每一天，当我们睁开双眼，穿上设计好的衣服，拿起设计好的牙刷，挤出设计好的牙膏，端起设计好的杯子，拧开设计好的水龙头，我们的一天就开始了。从贴身穿的衣服，到使用的产品；从吃到口中的食物，到用来居住的房屋；从眼睛看到的视频，到休闲使用的道具；从出门乘坐的车辆，到上班工作的场所……凡是我们所能触及的东西，都是经过设计的。可以说，设计无处不在地包围着我们，甚至影响着我们的一生。

人类的设计行为是人的本质力量的体现，它随着人的自身的发展而发展，并显示为人的一种智慧和能力。这种力量是能动的、变化的，而且是在变化中不断发展、在发展中不断变化的。人类的这种创造性行为是自觉的、有意识的，是一种机智的、积极的努力。它可以用语言进行阐释，用多种方法进行实践，同时，它又可以不断地进行修正和改良，以达到至真、至善、至美的境界。

一、审美思维

审美思维主要体现在以下3个方面。

首先，审美思维体现在对审美对象的认识上。认识美的客观事物有两个过程：一个是我们的感官通过感知客观事物系统形成一定的感觉或认识人性之美；另一个是根据认同的感性形式，以社会习俗或客观世界的客观规律为基础，理性地理解和把握它所包含的理性内容。只有在完成这两个过程的基础上，才能对美的客观事物有一个完整的认识。

其次，审美思维体现在对情感内涵的诠释上，即对客观审美对象进行全面正确的认识，以体验、审视、鉴赏、判断，并从中解读情感内容，一般来说，它不涉及用逻辑思维来分析和判断概念的科学态度，也不涉及功利对象的实用价值和人的自身利益的功利主义观点，它以主观的心理认知为基础，如个人直觉和主观联想，并从中解读情感内涵。

最后，审美思维也体现在对审美价值的评价上。人们根据自身的审美标准、文化背景、生活经验等因素，对美的事物或现象进行价值判断和评价。这种判断可以是主观的，也可以是客观的，但都是基于人们对美的理解和感受。

二、创造性思维

拓展学习

（一）创造性思维的特点

1. 独立性

创造性思维的独立性一般表现为不受外界因素的干扰，不受现有知识和经验的限制，不拘泥于任何旧的或权威的思想和方法。

2. 全新性

创造性思维是人脑对事物印象的主观转化过程，应该是全新的，而不是重复的。

3. 灵感性

有人把灵感的产生视为狭义的创造，可见灵感在创造中的特殊作用。处于灵感之中的创造性思维反映人们注意力的高度集中、想象力的骤然活跃、思维的特别敏锐。

4. 潜在性

创造性思维的潜在性往往表现为人们非自觉的、好像是未进入认识领域的一种思维。潜在的创造性思维（或潜意识）在解决许多复杂问题时往往有重要的作用。

5. 敏锐性

创造性思维特别关注突发现象和异常现象，即敏锐性。敏锐性常常使创造性思维通过复杂的表象捕捉问题的本质，并及时准确地抓住机会创造成功。

图7–1是毕加索的艺术作品——《牛头》，他以敏锐的观察视角，发掘出自行车车把、车座和牛头之间的联系。

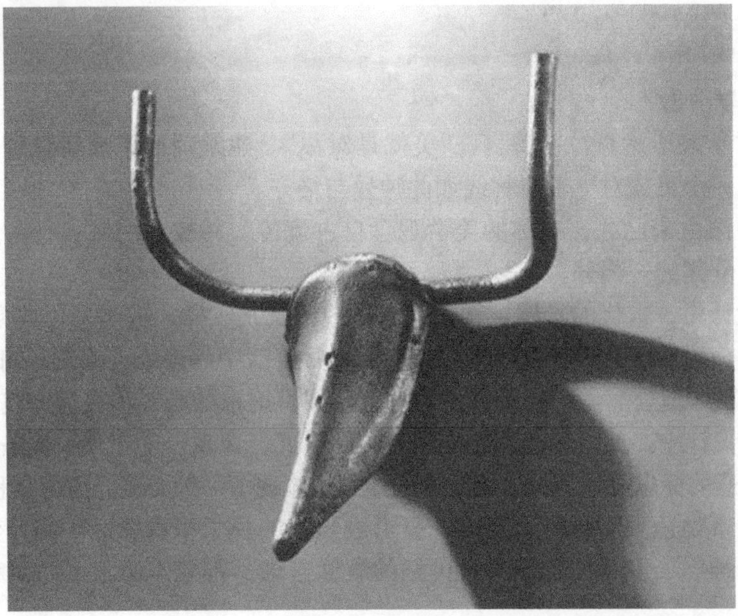

图7–1 《牛头》

思维需要突破“定向”“系统”“规范”“模式”的束缚。在学习过程中，学生应不拘泥于书本所学的、老师所教的，遇到具体问题要灵活多变。

（二）创造性思维的本质

创造性思维可以说是各种思维方式的最高形式，是一种综合性的思维，最重要的一点是，它并不能依靠一种或两种思维，它是各种思维模式综合作用的结晶。

创造性思维是一种复杂的心理活动。心理运动是人类的功能，是客观现实的反映。现代心理学的研究成果表明，人们的心理活动是多层次、多形式、多功能的，心理与思维密不可分。高级的心理活动，如兴趣、情感、意志、性格和意识，都伴随着不同程度的思维过程。

第二节　剖析美：设计的核心原则和价值

美化人们的生活，让人们在利用人造物完成任务和达到目的的同时得到美的享受，一直是现代设计追求的目标和宗旨。无论是工业革命后现代设计产生之时，还是工业化大生产之时，或是当今数字化时代，设计最初和最终的宗旨只有一个——美化人们的生活。也就是在不同时代的技术改变人类生活环境和方式的情况下，针对当时的新技术、新情况，将用新技术制造出来的新产品人性化、美化，使其满足和适应人类的生理、心理和情感的需求，从而让越来越被新技术缔造的人类生活环境成为一个美的世界。

一、设计的核心原则

1．对称与平衡

古希腊哲学家毕达哥拉斯曾言："美就是对称"。建筑师梁思成曾说过："无论东方、西方，再没有一个民族对中轴对称线如此钟爱与恪守。"

对称在中国由来已久，对称的美学观念自古流传，并被运用到各行各业，早已成为中国文化不可分割的一部分。

在我国设计中，古代的彩陶、青铜、瓷器造型及其纹样，都是采用典型的对称形式，体现了一种审美的规定性——秩序美感。人们日常生活中的剪纸、挑花、刺绣图案、红灯花烛、结婚用的"双喜"等，也都采用对称的形式，追求的是一种美满完整、幸福吉祥的愿望。在现代设计中，如我国的国徽采用对称的形式，体现一种庄严、神圣的美感；中国银行、中国联通的标志设计等也采用对称的形式，体现了一种交流、稳定、和谐的美感。

当图形和事物达到对称的形态时，会形成强烈的视觉平衡感。中国紫禁城、埃及金字塔，雅典的神庙、罗马的广场、中世纪的教堂宫殿，都完美彰显了"对称"这个美学的基本法则。

在其他国家传统的建筑、园林设计中，花草树木都强调符合几何学的图形和对称形式，充分体现人类征服自然的智慧力量和形式美感，如印度的泰姬陵、法国的巴黎圣母院等。在现代设计中，依然大量采用对称的形式，如美国的白宫、马来西亚的双子塔等。

2．节奏与韵律

节奏是自然、社会和人的活动中与韵律结伴而行的有规律的突变。韵律是指画面上的线条、色调等在起、承、转、合的变化中，呈现出一波三折的韵味与律动关系。

画面上节奏与韵律的强弱与急缓，如同音乐一般会带给人视觉与心理感受上的愉悦与美感。

北京故宫就体现了美的韵律。从大前门到太和殿，一次一次地重复，一次一次地变化，在时间的行进中，建筑以其特有的节奏与韵律无声地展示了天子的八面威风和无比崇高。人们随着建筑节奏与韵律的变化在不知不觉中规范了自己的感情，沿着太和殿前的石阶缓缓上升，端坐在龙椅上的皇帝的崇高与威严在不知不觉中就建构起来了。

3. 渐变与突变

渐变是一种有规律性的变化，渐变设计能给人很强的节奏感和审美情趣。这种形式在日常生活中随处可见，是一种较为流行的时尚元素，也是色彩之间深浅变化趋势演变的一种时尚感，服装设计、产品包装设计，包括现在的海报设计等都会运用到渐变。

而突变则是指打破常规或预期的突然变化，用以吸引注意力，强调重点或创造独特的视觉效果。例如，在平面设计中，突然通过改变文字的排列方式、增加空白区域或插入不规则图形等手法，打破单调的版面结构，增加设计的动态感和层次感。

4. 分割与比例

分割与比例是密不可分的。面的分割是以纯粹的数理性为基础的，通过对面的渐次分割和随意分割展现出富有逻辑的节奏。

面的分割可分为立体和平面，例如建筑物的外部及内部空间等的分割。在平面设计中，面的分割被广泛运用于书籍、招贴、包装等的版面设计中。

现代抽象派著名画家蒙特里安的早期作品就是按照分割和单纯比率创作的，以直线为主要表现手段，有水平线和垂直线组成的，也有交叉倾斜线组成的。

二、设计的价值

1. 满足需要

根据马斯洛的需要层次理论，马斯洛将人的需要划分为五个层次：生理需要、安全需要、社会需要、尊重需要和自我实现需要。因此，设计作品要满足多样化、多层次的需要，既可以是功能要求，也可以是审美需要，甚至是更深层次的需要，如人们的心理需要。汽车的设计既有汽车的属性，又体现了审美取向，同时体现了驾驶员的品位和风格。室内装修不仅为人们的生活提供了空间上的便利，而且使人们在生活的过程中感到舒适，产生归属感，形成“家”的概念。

2. 达到和谐

什么是和谐？仁者见仁，智者见智。和谐社会是一种社会状态，是全人类的理想。我们努力建设和谐社会，追求民主、法治、公平、正义、诚信、友爱、充满活力、安定有序、人与自然和谐相处。设计是我们实现这一目标不可缺少的手段和途径。

设计本身不是目的，我们不是为了设计而设计的；设计手段是改变自然的，通过设计创造来影响人与自然的关系；设计是人与自然的纽带。好的设计是和谐社会的动力。好的设计符合人类的深层需求：人性得以凸显，人的尊严得以实现，人与自然的关系得以改善，社会得以继续发展。相反，仅仅停留在浮华的表面，不能反映人类内心深处的需求的设计不具有上述特点，故而设计价值缺失；而人类对人与自然关系的负面影响，阻碍社会的进步。

第三节 赏析美：感受经典建筑之美

在中国悠久的历史长河中，涌现出了非常多的灿烂文化，而建筑在其中占据了举足轻重的位置。回顾中华上下五千年，出现了许多优秀的建筑大师和建筑作品，建造了非常多的名传千古的宫殿、陵墓、庙宇、园林、民宅……

作为历史发展和变迁象征的建筑，是文化史上能够代表各自风格的一大标志。从古代两河流域和埃及人古朴的自然建筑样式，直到现代文艺复兴之后的自由主义、浪漫主义建筑风潮，人们的文化表现力总是以不同时期的经济发展能力为基础的。欣赏不同时期各民族的建筑艺术，不仅能够提升我们自身的设计鉴赏能力和审美能力，而且能将我们的历史视野和现实存在结合起来，这对我们走入历史和深挖历史都是大有裨益的。

一、国家大剧院

国家大剧院（见图7-2）由法国建筑师保罗·安德鲁主持设计。中心建筑为独特的壳体造型，壳体表面由18 398块钛金属板和1 220多块超白玻璃巧妙拼接，营造出舞台帷幕徐徐拉开的视觉效果。壳体周围是人工湖及由大片绿植组成的文化休闲广场，不仅美化了大剧院外部景观，也体现了人与自然和谐共融的理念。国家大剧院建筑屋面呈半椭圆形，由具有柔和的色调和有光泽的钛金属覆盖，前后两侧有两个类似三角形的玻璃幕墙切面，整个建筑漂浮于人造水面之上。大剧院造型新颖、前卫，构思独特，是传统与现代、浪漫与现实的结合。国家大剧院庞大的椭圆外形在长安街上像个“天外来客”，与周边的大量方形建筑以及东西平行的胡同街道形成了鲜明的对照与呼应。旁边的人民大会堂，是政治中心，取方形，显得中正、持重、庄严，而国家大剧院，是艺术中心，需要灵动、优美，二者一庄一谐，很和谐。而且这种形态上的对比，和中国传统哲学上的天圆地方是相宜的。

图7-2 国家大剧院

国家大剧院运用设计符号学理论，对建筑中的造型、色彩、材料进行了巧妙的应用。在国家大剧院中，设计符号一直是抽象的、随意的，只考虑构图美观，没有什么特别寓意，它给观众留下了足够的空间，由人们任意地发现、联想、品味。若举目壳体顶部，除透明玻璃外，是由珍贵稀有的木材拼装而成的不规则图案吊顶，像中国古代窗棂、像瓷器的裂纹，任人遐想。这种看似有意却无意、无章法的图案，被运用于国家大剧院内、外，有规则地串联起来。

如果从空中俯瞰，这个椭圆形的建筑，和北京的北海、中南海蜿蜒连接在一条优美的曲线上，水体的流动性和音乐的流动感相呼应。国家大剧院的景观设计也一直是人们关注的话题。无论怎样，这都是一次大胆的尝试，另辟蹊径的风格也是不错的选择，人们或许应该尝试从好的方面来欣赏这个巨大的建筑，发现它的独特之处。

建筑是使用功能和精神功能的结合，人类创造了建筑，建筑同时造就了人类世界，而且可以满足人们的精神需求和审美追求。

二、苏州博物馆新馆

贝聿铭所设计的苏州博物馆新馆（以下简称“苏州博物馆”）充满着东方诗意，折射出丰富的传统美学意蕴。

“建筑是凝固的音乐”，苏州博物馆（见图7-3）错落有致的建筑，流水、小桥、回廊、树木、白墙、灰地面等，就是一曲悠扬雅致的音乐。

图7-3　苏州博物馆

作为一座现代化建筑，苏州博物馆充分展示了中华优秀传统文化，将苏州传统的地方特色与现代化建设理念相结合，成为传统文化与现代设计相融合的优秀作品。

首先，中国传统文化委婉、内秀、兼容并包，讲究“以和为美”。苏州博物馆将“以和为美”体现在建筑形式上。无论其整体色调、建筑体量、选材还是地域环境，都达到了和谐统一的视觉效果。苏州博物馆的建设理念体现在布局理念、空间组织、人文精神等方面。

其次，“天人合一”是中国传统文化中的一个核心命题，不仅具有哲学内涵，而且贯穿于美学的发展之中。苏州博物馆在建筑与环境的关系中，无不体现了“崇尚自然”的造物理念，设计独具特色，耐人寻味。

再次，“形象美”是中国传统美学的精髓，它渗透进了中华民族的审美习惯和思想观念。苏州博物馆对图像的挖掘和表达是恰当得体的，如灰色线条和重叠山墙结合的感性世界。

最后，“意境”同样也是中国传统美学的重要范畴。苏州博物馆在景观建设的方式上借鉴了传统的苏州园林，如山水、水莲、古藤等，颇有意思。

由于受到江南建筑的影响，苏州博物馆在建造中使用大面白墙作为主要色调，搭配深灰色石材为辅助色系，白墙灰瓦，整个建筑色系清新雅洁，令人赏心悦目。苏州博物馆除了吸收江南建筑的特色之外，还将几何造型的美感融入其中，并加入了传统与现代、线条与图案、光与影、山与水、木与石、实与虚、动与静等要素，通过贝聿铭先生巧夺天工的设计，构成了雅致之美，并将雅致之美的内核诠释得淋漓尽致。

三、哈尔滨大剧院

哈尔滨大剧院（见图7-4）是依照北国城市风光设计的冰城标志景观，它被认为是耸立在松花江畔的艺术“雪山”。哈尔滨大剧院获得诸多国际大奖，是中国具有世界级影响力的作品。建筑从大地上破冰而出，达到了建筑与景观浑然一体，宛若一条白绸缎，静静地躺在神秘的北国城市，用特殊的语言述说着它的故事。

图7-4 哈尔滨大剧院

哈尔滨大剧院具备良好的功能性和审美性，剧院的外形似两座银色的山丘，造型匠心独运，线条流畅洒脱。夏秋，置于湿地间的大剧院，像栖憩在江畔的两只大江鸥；冬日，在银装素裹之间，大剧院像隆起的雪山屹立在松花江畔。一年四季，不同的角度、不同的时间，它都有着独特的美。白色的建筑表面在阳光的照射下熠熠生辉，仿佛散落在北国的一串珍珠。大剧院顶部设计为玻璃天窗，这样的设计使得窗外的自然光能够最大限度地照入大剧院。随着光从外至内地洒落到剧场内的水曲柳墙上，观赏者无论处于哪个方位，都能感受到阳光。

小剧场的后台同样设计成了透明的隔音玻璃，使得剧场内和剧场外形成了一个大的整体，冰雪、湿地等都成了剧场的背景和一部分，给小剧场的空间和表演带来了更多的惊喜。设计者以木材水曲柳为材料进行手工打造，把它作为大剧院的内部纹理效果。自然和谐的纹理、灵动洒脱的流线和温暖动人的气氛交织在一起，建筑的生命张力由此产生。音乐剧就如同这座宏大的建筑，洋洋洒洒，高低错落，建筑与音乐两者达到了高度和谐。内部的空间流线转折和恰得其所的建筑材料为大剧院的高品质音质和音效发挥了举足轻重的作用。光与影的结合，让观赏者自踏入大剧院开始就仿佛脱离现实，来到光影交织的梦境，沉浸式地体味音乐人生。

“音乐是思维着的声音”，哈尔滨大剧院的设计真正做到了人、自然、建筑三者良性互动，造型优美，线条构成令人赏心悦目。人文精神的贯通，使哈尔滨大剧院有着与北国一致的个性和气质。设计师用心去挖掘中国传统美学的价值，将传统与现代完美地结合，应用到建筑艺术中，设计出代表中国文化的建筑，这座宏伟的建筑也成为冰城向世界传递的文化名片。

探索美

1. 组织一次学习成果交流会，每人搜集一位建筑大师的设计案例或分享感兴趣的地方建筑，也可以从建筑细部的角度，进行学习汇报展示并互相点评。

2. 组织一次“器物设计之美”活动，可以制作一件器物，也可以给大家讲讲某件器物的故事以及分析某件器物的美。

思享汇

中国的传统建筑艺术源远流长，当置身于建筑中欣赏时，人们无不惊叹古建筑工匠的智慧。建筑艺术有着浓厚的文化底蕴以及极高的美学价值，中国建筑正是中国历史悠久的传统文化和民族特色的最精彩、最直观的传承载体和表现形式。

第八章 霓裳清音远：戏剧之美

【名人名言】

最好的戏剧也不过是人生的缩影。

——莎士比亚

【学习目标】

1. 掌握戏曲艺术的审美特征与欣赏方法。
2. 了解戏曲的特征、发展历程以及成就，体会戏曲艺术之美。

第一节　认识美：戏剧之印象

一、戏剧的特征及戏剧文学的分类

（一）戏剧的特征

戏剧是一种舞台表演艺术，是文学、美术、音乐和舞蹈等多种艺术的综合体。戏剧和其他艺术样式的不同点在于，它通过演员的语言和形体动作来表现人物性格、展开故事情节，以揭示既定的主题。综合性是戏剧的显著特征。

（二）戏剧文学的分类

戏剧文学种类繁多，根据容量的大小，可以分为独幕剧和多幕剧；根据表现形式的不同，可以分为话剧和歌剧；根据戏剧文学所反映的矛盾冲突的性质和所运用的表现手法，以及对读者的感染作用，则可分为悲剧、喜剧和正剧。

二、中国传统戏剧：戏曲

每个民族都有自己的歌谣，如果说戏剧是西方的歌谣，那么戏曲则是中国五千年灿烂辉煌文明史上的璀璨歌谣，它与古希腊悲剧、喜剧，以及印度梵剧并称为世界三大古老的戏剧。

（一）戏曲的含义

戏曲是中国传统戏剧的独特称谓，是包括宋元南戏、元明杂剧、明清传奇，以及近代的京剧和所有地方戏在内的通称。综合历代典籍中戏曲的含义，基本有两种：一是文学概念，指戏中之曲，是一种韵文样式，又称“剧曲”，后人又用来专指中国传统戏剧剧本；二是艺术概念，指中国传统戏。

（二）戏曲的特征

1. 综合性

戏曲把文学、绘画、雕塑、舞蹈、武术、音乐按自身的表现规律和表演方式完美地融汇、整合成一个整体，这些中国传统艺术的表现形式在戏曲里得到了一种形式美的定型，极大地丰富和发展了戏曲的艺术表现力，它们共同整合、营造了戏曲艺术的综合的舞台造型美和情节展现的表演美，使戏曲表现形式的审美化达到了极致。

2. 虚拟性

戏曲艺术表演在虚拟环境、虚拟时空中进行，全靠演员用自身的动作表演调动观众的想象，创造出剧情需要的舞台环境和氛围。虚拟表演重在动作的高度美化和感情的充分抒发，创造超越实境的审美意境，在戏剧冲突中塑造典型环境中的典型人物，揭示人物的内心世界。

3. 程式性

戏曲的角色行当、唱念做打、化妆服饰都有自己的程式。程式使戏曲艺术能经济、准确、简洁地表现生活，使形象生动鲜明，具有强烈的舞台审美效果。

4. 写意性

戏曲表演要求以简代繁，讲究生动传神、传达神韵，创造出一种超脱、空灵、古朴、高雅的审美境界，具有撼动人心的情感力量。戏曲表现手法的突出特点是夸张、变形，追求超乎常形的艺术真实。

中国戏曲剧种繁多，据不完全统计，全国各地区的戏曲剧种有360多种，传统剧目数以万计，其中，京剧、越剧、黄梅戏、评剧、豫剧为中国五大戏曲剧种。在戏曲艺术发展的800多年历史中，形成了生、旦、净、末、丑五种不同的表演行当，以民间的传统音乐和舞蹈作为表演依托，结合当地的文化特色，在生活中提取富有表现力的程式动作，形成了“唱、念、做、打”等不同的艺术表现技艺，显示出极具文化魅力和歌舞之美的戏曲艺术。

（三）戏曲的发展历程

戏曲先后经过了五个不同的时期：萌芽阶段——春秋战国、秦、汉、三国、两晋（傩舞、百戏和滑稽戏）；雏形阶段——南北朝、隋、唐（歌舞戏和参军戏）；形成阶段——宋、金时期（宋杂剧、院本和南戏）；成熟阶段——元（杂剧）；繁荣阶段——明清（传奇和地方戏曲）。

1. 萌芽阶段

萌芽阶段对于戏曲文化形成、孕育的最直接贡献体现在优戏和百戏上。优戏多指以戏弄调笑为主的男性表演者进行的戏曲表演，百戏（见图8-1）则是乐舞杂技表演的总称，在汉朝时期盛行。

图8-1 东汉古墓出土的壁画《乐舞百戏图》

2. 雏形阶段

在繁荣盛世的大唐，戏曲艺术形成的步伐明显加快了，开始渐渐向综合的方向发展，曾经风光一时的百戏逐渐被歌舞戏、优戏所取代。参军戏是唐代优戏表演中最具代表性的一类，以滑稽诙谐的动作、说白表演为主，成为唐代综合性很高的一种初级戏剧形式。图8-2所示为参军戏俑。

3. 形成阶段

宋、金时期是戏曲艺术的重要发展时期，戏曲开始以独立的艺术形式登上历史舞台。这时期产生的杂剧和院本，是中国戏曲真正成熟前夕的两个雏形。

宋杂剧（见图8-3）是宋代各种滑稽表演和歌舞杂戏的总称，其表演风格相对比较轻松活跃，广义的宋杂剧直接继承了唐代杂剧的传统，狭义的宋杂剧专指滑稽戏。宋、金流行起来的说唱艺术无论从情节叙述能力，还是从戏曲音乐的制作而言，都无疑是促使戏曲从发展到成熟的一剂良药。

图8-2 参军戏俑

图8-3 宋杂剧

4. 成熟阶段

戏曲艺术发展到元代，终于迎来了它的成熟期，戏曲的写意、空灵、神似、洒脱、嬉戏的美学品格逐渐形成。相比于南戏体制的宽松、散漫，元杂剧的体制称得上严整分明，戏曲的故事情节变得更加丰富多彩，人物刻画也更加细腻。元曲（包括元杂剧和散曲）成为一代文学的代称，并取得了与唐诗、宋词并称的地位。

5. 繁荣阶段

明清时期戏曲走向繁荣兴盛。南戏又迎来了第二春，四大南戏与《琵琶记》的地位使得中国戏曲的重心从北方移到了南方。明成化年间，进入南戏向传奇演进的时期，传奇是继元曲之后新出现的一种表演形式，其较大的成就是形成了对后世影响巨大的四大声腔：余姚腔、海盐腔、弋阳腔和昆山腔。后来四大徽班进京，为了迎合皇室口味，融合创造了博采众长的京戏，成为中国当之无愧的“国粹”并传承至今。

第二节 剖析美：戏曲艺术的审美特征

一、戏曲主要的表演形式

众所周知，中国戏曲是一门“以歌舞演故事”（王国维）的独特艺术。其中“歌”在戏曲中被拆为“唱”“念”（音乐性的对话），“舞”在戏曲中被称为“做”“打”（舞蹈性的动作），“唱、念、做、打”就是戏曲表演艺术的“四功”。

戏曲表演的“四功”使传统戏曲表演独树一帜，是戏曲表演艺术根本之所在。戏曲表演艺术中的“四功”即为戏曲演员的表演基本功，是戏曲表演艺术的根基。所谓“唱必有声，念必有情，做必有动，打必有武”，其中“唱、念”属于戏曲表演的听觉艺术的主要表现手段，而“做、打”则属于视觉艺术的主要表现手段。

手、眼、身、法、步是传统戏曲的技术方法，又叫“五法”。“手”，指手势。“眼”，指眼神。“身”，指身段。“法”，指意念、神态。有的认为，“法”指表演动作规范。“法”一作“发”，有人认为是指甩发等绝活。“步”，指脚步、台步。

“四功”和“五法”概括了戏曲表演程式性、技艺性和特别重视形式美的特征，也是优秀演员应具备的基本功。

二、戏曲艺术的舞台表演之美

舞台是中国传统戏曲表演的重要载体，舞台表演亦是传承与发展中国传统戏曲文化的主要途径。中国传统戏曲艺术源于民间，整合了歌舞、武术、杂技与文学等多种艺术形式，通过对多元化艺术表现风格的综合自成一派，构成了独有的戏曲艺术风格与规律。

（一）脸谱之美

拓展学习

京剧脸谱（见图8-4）是具有民族特色的一种特殊的化装方法，尤其以“象征性”和“夸张性”著称。由于每个历史人物或某一种类型的人物都有一种大概的谱式，就像唱歌、奏乐都要按照乐谱一样，所以称为“脸谱”。它以夸张的色彩、变幻无穷的线条为人物增添了强烈的审美效果。

戏曲化妆，俗称“扮相”，指戏曲人物的面部化妆，可分为“俊扮”和“彩扮”两种类型。京剧脸谱的勾绘以生活为依据，是生活的概括。京剧脸谱色彩十分讲究。五颜六色的脸谱各有其内涵，比如：红色表示忠诚耿直、热情吉祥；黑色表示正直无私、刚正不阿；紫色表示刚正、稳重；黄色表示凶狠、勇猛；蓝色表示桀骜不驯、刚强爽快；白色表示奸诈多疑；绿色表示骁勇、鲁莽；金银色表示庄严，多用于表现各种神怪形象等。京剧脸谱着重表现人物性格、品德，寓褒贬，别善恶，充斥着浓厚的道德评价色彩。

图8-4　京剧脸谱

在舞台上，京剧脸谱被誉为角色“心灵的画面”，具有性格化的美学特征，它能表现剧中人物的身份地位、性格特点、容貌特征，增强艺术感染力，助增表演效果，丰富和美化舞台，是京剧重要的组成部分。从美术角度讲，脸谱是图案化的美学装饰艺术，具有极高的美学价值。

（二）服饰之美

中国戏曲服饰，俗称“行头”，是中国传统民俗生活的艺术化表现，是一种由生活化服饰加工提炼而成的艺术化服饰（见图8-5和图8-6）。其艺术特点主要是通过色彩的个性化和图案的多样化来体现的。戏曲服饰的造型、工艺、色彩、意境，不仅在舞台上给观者以美的享受，更重要的是与角色的身份、气质、性格相协调，并与表演动作巧妙配合，激发观众联想，深化主题内涵，达到整体的和谐统一之美。它们大多依据人物的性别、身份和穿着场合进行创造，大致可以分为戏衣、鞋帽和饰品三类。

图8-5　蓝色缎平金绣整枝松鹤纹老旦帔

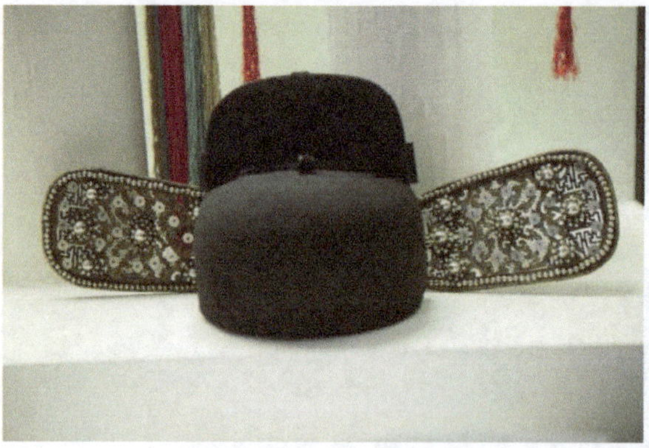

图8-6 青色素绉绸忠纱帽

图案艺术是戏曲服饰浓墨重彩的组成部分，兼具具象美和写意美。其不仅是戏曲服饰艺术的灵魂，而且是几千年来中国传统手工艺人的智慧结晶，蕴含着独特的民族文化和审美理念。如传统京剧服饰图案内容丰富、题材广泛，富有生命力、表现力，几乎包含了所有美学、色彩学的审美法则和艺术应用规律。戏曲服饰上的图案纹样，具体表现的内容有日、月、星、辰、云、火、水、江崖、山、龙凤、飞禽走兽、鱼虫花鸟，以及宗教图案、吉祥图案等。象征性意义是通过戏装上的装饰图案来表达人物的身份，如在封建社会中，龙是尊贵的象征，它符合帝王将相的高贵身份。吉祥图案为象征性图案中最受欢迎的表达形式之一，例如老旦、老生帔多用祥云如意、福寿双全、松鹤延年等图案；而小花脸武丑则穿绘有飞燕、蝴蝶等飞禽图案的衣裤，以示人物轻巧敏捷、武艺高强的特点；诸葛亮、八仙这样的人物多用八卦、太极等图案，以示人物足智多谋、呼风唤雨的神话形象；文人墨客多用梅兰竹菊等寓意高贵品质的纹样。

第三节 赏析美：戏剧名作欣赏

一、如何欣赏戏剧

（一）集中精神

欣赏戏剧是一种深刻的艺术体验，这一过程要求观众全身心地投入，以最大限度地感受和理解戏剧所传达的情感、思想和故事。

（二）关注戏剧要素

在看剧之前，要通读剧本，对故事有个基本的了解，如果事先不了解前因后果，单看舞台表演，可能就会一片茫然。音乐的要素包括演员的声音和传统乐器的演奏。音乐的节奏是和演员的动作、表情相配合的，时快时慢，时起时落，这都和人物的情绪、剧情的发展密切相关；而演员的唱功、声色本身就是音乐的一部分。戏剧中绘画的要素表现在舞台的背景、道具和演员的服装、脸谱等方面，甚至也包括光影的变化；绘画往往是夸张的，舞台的形象往往通过造型与色彩的夸张给人以视觉冲击。比起电影，戏剧演员的动作也是夸张的，比如元杂剧《窦娥冤》中蔡婆在法场见媳妇窦娥时，她的手不断地抖动，如果是电影就不会这样处理。为什么要抖动？就是把蔡婆焦急与哀伤的心情展示给人看，观众看到她不断抖动的手，就能强烈地感受到人物的情绪，再配上急促的音乐节拍，观众的感受就会更加强烈。

（三）观看传统戏剧需要着力鉴赏的点

每一种艺术，都有它独特的生命，那么戏剧的生命是演员的表情，尤其是眼神，当然还有台词、动作。眼神里透射出来的光芒，照亮的是内心深处的灵魂。

（四）理解传统戏剧的对白和唱词

中国戏剧的对白和唱词要拉声拉调，这样做的目的是用夸张的艺术表现形式来达到强化的效果。一个字或一句话被拖长了，一种情绪也就被拖长了，观众因此得以充分咀嚼，久久回味。但这种回味只对静心、专注观看的人才有效。

二、中国戏剧赏析

（一）《牡丹亭》

《牡丹亭》的作者汤显祖是我国明代戏剧家，他与英国戏剧家莎士比亚被誉为“东西方戏剧创作史上的两颗明星”。

《牡丹亭》是中国古代文学的杰出作品，该作品在思想内容和艺术成就方面达到了古典戏剧创作的巅峰。

《牡丹亭》赞美了爱情的伟大力量，肯定了人的合理要求和正常欲望，从独特的视角相当深入地揭露并批判了封建礼教，对明代后期的腐朽政治也有所批评，概括了深广的社会生活内容，剧情的生动性、人物形象的鲜明性和语言的诗性品格等都达到了那个时代较难达到的高度，堪称不朽的名著。

《牡丹亭》的爱情描写，具有过去一些爱情剧所无法比拟的思想高度和时代特色。作者让剧中的青年男女为了爱情出生入死，除了浓厚的浪漫主义色彩之外，更重要的是赋予了爱情战胜一切，超越生死的巨大力量。

《牡丹亭》在艺术上也取得了很高的成就，主要体现在以下几个方面。

1. 善于营造引人入胜的戏剧情境

《牡丹亭》所反映的矛盾冲突是常见的，但它所表现的生活场景却是“怪奇”的。这些生活画面具有引人入胜的吸引力，能满足观众多方面的审美期待，独具魅力。《牡丹亭》表现的是悲剧性的人生体验，却常常以轻快的喜剧性情境来传达沉重的悲剧性体验，创造了“悲以喜反”的独特韵致，使剧作既富有机趣，又显得厚重，强化了艺术感染力。

2. 语言典雅华美，诗性品格鲜明

《牡丹亭》的语言也独具一格，兼具本色与文采之长，熔铸了唐诗、宋词、六朝辞赋的华丽优美，又继承了元杂剧的自然真切和生动传神。其中不少著名的段落脍炙人口，得到世人的赞赏。

剧中的许多唱段，特别是杜丽娘吐露内心情感的一些唱段、独白，华彩迭现，诗意盎然，感人至深，充分显示了汤显祖超群的才情。这样的唱段不胜枚举。

3. 针线紧密、结构完美

《牡丹亭》虽然长达五十五出，但并不给人以拖沓之感。登场人物少有闲人，事事皆有归者。剧情既主干突出，又枝叶映衬，首尾相顾，浑然一体，体现了剧作家非凡的艺术功力。

4. 具有鲜明的浪漫主义特色

首先，贯穿整个作品的是杜丽娘对理想的强烈追求。其次，艺术构思具有离奇跌宕的幻想色彩，使情节离奇，曲折多变。再次，从“情”的理想高度来观察生活和表现人物。

原来姹紫嫣红开遍，似这般都付与断井颓垣。
良辰美景奈何天，赏心乐事谁家院！
朝飞暮卷，云霞翠轩；雨丝风片，烟波画船——
锦屏人忒看的这韶光贱。①

这段家喻户晓、典雅唯美的唱段出自《牡丹亭》中杜丽娘游后花园的一段唱词，寓情于景、情景交融，唱词典雅华美，唱腔圆润柔美，如诗如画般流入人们心中。沈德符《顾曲杂言》写道：“《牡丹亭梦》一出，家传户诵，几令《西厢》灭价。”

《牡丹亭》以文词典丽著称，宾白饶有机趣，曲词兼用北曲泼辣动荡及南词婉转精丽的长处，明吕天成称之为“惊心动魄，且巧妙迭出，无境不新，真堪千古矣！”汤显祖在该剧《题词》中有言：“如丽娘者，乃可谓之有情人耳。情不知所起，一往而深。生者可以死，死可以生。生而不可与死，死而不可复生者，皆非情之至也。”②一方戏台，才子佳人，身着华服，举手投足，眼波流转，一字一字皆是千般情致，万缕柔肠。图8-7所示为昆曲《牡丹亭》表演照片。

图8-7 昆曲《牡丹亭》表演照片

① 出自昆曲《牡丹亭·游园》唱段。

② 出自昆曲《牡丹亭·题词》唱段。

（二）《茶馆》

《茶馆》是著名文学家老舍先生于1956年创作的一部三幕话剧，也是产生世界影响的当代中国优秀剧作之一，被誉为“东方舞台上的奇迹”。该剧以反映社会历史的深广、戏剧结构的独特、北京地方色彩的浓厚、语言技巧的精妙而享誉于世，是话剧史上一部里程碑式的作品。

《茶馆》的艺术语言达到了炉火纯青、无与伦比的美妙境界。

曹禺曾在《茶馆》排演时对人夸道：“看人家，几句话就是一个人物”，说的正是《茶馆》极富个性、动作性和潜台词的人物对白。其精彩处已经成为中国话剧史上的经典段落。

《茶馆》的魅力还在于其具有强烈的时代感和使命感。老舍曾说，“我只认识一些小人物，这些人物是经常下茶馆的”，“用他们生活上的变迁反映社会的变迁”，进而“从侧面地透露出一些政治消息”。这正是有着“市民社会的表现者与批判者”之称的老舍，从生命意识和存在意识的角度对北京市民阶层的日常生活的点石成金。图8-8所示为《茶馆》剧照。

图8-8 《茶馆》剧照

（三）《西厢记》

《西厢记》是元代著名戏曲作家王实甫的杰作，也是元杂剧中最优美宏伟的大型喜剧，堪称不朽。它在中国文学史上和中国戏曲史上都占有重要地位，是我国古代戏曲发展高峰之一。图8-9所示为《西厢记》表演照片。

《西厢记》的主要成就可以用题旨丰富深刻，人物个性鲜明，情节引人入胜，语言典雅华美来概括。剧中的张生、莺莺、红娘无一不是个性鲜明的人物，他们有血有肉，面貌独特，难以重复。这是《西厢记》最为重要的艺术成就。

《西厢记》的情节有三大高潮，在一系列绝处逢生的契机中极具戏剧特色，人物形象也是喜剧性形象，讽刺效果也极强。剧作最后一折的〔清江引〕曲有“愿普天下有情的都成了眷属”这句经典性的唱词，点明了剧的主题——纯真自由的爱情才是婚姻的基础，也唱出了广大群众的纯真愿望和美好理想，具有超越时空的价值，所以至今仍能感动无数的观众。

图8-9 《西厢记》表演照片

剧中的唱词，在苛严的字格、对仗格、平仄格、韵格等的规范下写成，出语典雅，委婉含蓄，意境深沉。读罢掩卷，余香满口。真可谓是戴着镣铐的舞蹈，但又能准确细致地书写莺莺复杂的内心世界，如行云流水，平易自然，而且诗意盎然，意境深远，剧作家的艺术功力让人赞叹。“长亭送别”在《西厢记》中颇具代表性，其艺术魅力主要来自对人物心灵的深刻探索和真实描摹。

《西厢记》赞扬美好，是中国古代喜剧之经典，有诗剧之说。其语言通晓流畅，秀丽华美，弥漫着一种淡淡而又悠长的哀愁，体现的是东方智慧，创造了“以美为主”的东方喜剧形态。

（四）《汉宫秋》

戏曲一直以来都是一种立体丰满的文学形式，作为元代最具代表性的文学形式，元杂剧亦是如此。它的辉煌蓬勃是与元代社会密不可分的。

《汉宫秋》是元代文学家马致远创作的杂剧，取材于汉代宫女王昭君奉命远嫁匈奴的史实。弘扬民族气节，抒发爱国情怀是《汉宫秋》的主题。图8-10所示为《汉宫秋》表演照片。

剧作的语言既通俗易懂，又文采斐然，抒情色彩浓烈，许多唱段具有感人至深的艺术力量。剧作成功地运用了富有历史与文化内涵的传统意象——秋夜、孤雁、幽梦等来揭示人物的内心世界，准确地表现了人物在特定情景下的不同心情。西北大漠深秋时节特有的风光和寂寞黄昏的宫殿景色等得到了淋漓尽致的表现，成功运用了顶针手法的美妙唱词所营造的缠绵悱恻而又慷慨深远的意境感人至深。

图8-10 《汉宫秋》表演照片

《汉宫秋》可视为典型的抒情式戏剧，代表了中国古典戏剧的一种美学风格。全剧以浓郁的抒情色彩取胜，曲词优美、哀婉动人。作者用唱词节奏由缓变急，情调由欢变悲，道具由琵琶变孤雁来表现汉元帝与王昭君欢会与分离前后感情的变化，自然贴切且富有诗意。

（五）《长生殿》

《长生殿》为清代剧作家洪昇所著，取材自唐代诗人白居易的长诗《长恨歌》和元代剧作家白朴的剧作《梧桐雨》，讲述唐明皇和杨玉环之间的爱情故事。

《长生殿》突出的艺术特色是抒情性强。其语言清丽，写情状物，精准雅驯，宜于案头阅读；音律谐协，字字精研，便于歌场传唱。白居易《长恨歌》有“天长地久有时尽，此恨绵绵无绝期”之句，这也正是《长生殿》所营造的意境。唐明皇对杨贵妃刻骨铭心的爱和无尽的思念，从这句情韵兼美、朗朗上口的唱词中我们也能感受到。

《长生殿》以大量篇幅写李、杨二人在生前死后的恋爱纠葛，传达出一种人生不永、情缘易逝、世事沧桑的失落感。内容情感浓烈，想象丰富，情节动人，文字华丽而不烦涩，生动而不俚俗，曲词优美，音律守法，历来为文人赞赏，在艺术上取得了卓越的成就。

该剧人物形象鲜明丰满，唐明皇和杨玉环的形象塑造得都非常丰满，内心世界刻画得比较细腻。

图8-11所示为《长生殿》海报。

图8-11 《长生殿》海报

三、外国戏剧赏析

（一）《俄狄浦斯王》

索福克勒斯创作的《俄狄浦斯王》是古希腊悲剧中享誉最高、写作技巧最为高超的典范作品。亚里士多德称赞它为最伟大的古典悲剧之一。这部悲剧主要讲述的是一个发生在英雄传说时代的故事。

《俄狄浦斯王》在世界文学史上享有崇高声誉，表现的是人的意志与命运的冲突。在索福克勒斯的年代，人们把一切不可解释的现象都归之于命运的捉弄，索福克勒斯的不同之处在于，他认为命运并不由奥林匹斯山上的某个天神所掌控，而是一种人们尚未认知的抽象力量。

（二）《哈姆雷特》

《哈姆雷特》又名《王子复仇记》，是莎士比亚于1599年至1602年间创作的一部悲剧作品，也是莎士比亚最负盛名和被人引用最多的一部悲剧，它突出反映了作者的人文主义思想。《哈姆雷特》在莎士比亚戏剧中是最长的一出，也是英国文学中最富震撼力、影响力的戏剧之一。

《哈姆雷特》具备了许多其他复仇悲剧所缺乏的内容，使其远远超出了文艺复兴时代的复仇悲剧传统，也使哈姆雷特的故事成为世界悲剧文学的经典。

一千个读者眼里有一千个哈姆雷特。正是哈姆雷特自身的性格特点，以及丰富的思想内涵，使其成为学术界争相研究的对象。作品本身对人性、对社会的探讨已经超越了英国本土文化的范围，上升到了全人类精神与意识的层面，全世界各民族都能从中找到自身与哈姆雷特相符的特质。

随着经济的全球化以及文化的全球化，《哈姆雷特》在与异域文化的碰撞中，又不断被诠释出新的意义。

（三）《浮士德》

诗剧《浮士德》的作者歌德是伟大的民族诗人，德国古典主义和民族文学最杰出的代表。

《浮士德》构思宏伟、结构庞大、思想深奥、想象奇特，长达12 111行，是歌德毕生文学艺术探索的结晶，与《荷马史诗》、莎士比亚的《哈姆雷特》、但丁的《神曲》并称为欧洲四大名著。

《浮士德》完美结合了浪漫主义和现实主义，将现实、神话、传说、幻想等交织在一起，组成多彩的色调。作品剧中套句，包括了到歌德时代为止德国所有重要的戏剧类型，穿插了滑稽剧、宗教剧以及歌舞剧，形式丰富，内涵深刻。作为跨越时空、包罗万象的鸿篇巨制，《浮士德》被改编为歌剧、舞剧、电影等不同的艺术形式，在全世界广泛演出。

《浮士德》取材于16世纪关于浮士德博士的民间传说，将文艺复兴以来的德国和欧洲社会作为背景，记录了一个新兴资产阶级先进知识分子不满现实，竭力探索人生意义和社会理想的追问和思索。浮士德是自强不息、积极进取、勇于探索精神的代表。图8-12所示为《浮士德》剧照。

就艺术创作而言，歌德的《浮士德》具有几大独特之处。首先，诗剧以幻想为主，将幻想与写实融合在一起。其次，在人物塑造方面，作者采用了辩证的方法。最后，在具体修辞呈现上，具有多元化特点。将抒情、议论、叙事融为一体，显得结构紧凑、言简义丰。大量象征、比喻手法的运用，让这部作品形象生动，充满哲理性和寓言性。

该剧否定了以古典美来改造世界的理想，认为世界终究是美与不美同生共存的。

图8-12 《浮士德》剧照

探索美

1. 举办一次戏剧表演活动。
2. 寻找家乡或当地戏曲艺术的代表，观看和体验戏曲表演并写下观后感。

思享汇

文化是民族发展的根脉所在，文化自信是一个国家持久发展的动力源泉。戏曲艺术中蕴含着多元化的思想文化，是我国劳动人民在长期的社会实践中形成的智慧结晶。戏曲艺术中隐藏的深厚内涵及美学价值，在当代仍占据着重要的文化地位。近年来随着社会的变迁，戏曲艺术与当代人的审美距离逐渐加大，如何实现中华优秀传统文化的保护和振兴已成为当代大学生的重要课题。

第九章 光影与光阴：影视之美

【名人名言】

镜头代表着眼睛，但它代表着两种眼睛，一种是观众的眼睛，一种是剧中人的眼睛。

——夏衍

【学习目标】

1. 了解影视相关知识，提高影视理论水平。
2. 掌握影视艺术的审美特征与欣赏方法。
3. 培养影视鉴赏能力。

第一节 认识美：影视艺术审美基础

一、影视艺术是综合艺术

影视艺术是融文学、戏剧、绘画、建筑、摄影、音乐等各种艺术元素于一体的现代综合艺术。简单而言，影视艺术就是电影艺术和电视艺术的合称。它们都以画面和声音作为艺术表达的方式，因此也可称为影音艺术。

影视艺术是一种集体创造性的艺术活动，它将编剧、导演、演员、摄影、剪辑、美工、道具、服装、化妆、录音等多种职能部门的艺术创作者集合在一起，在导演的总体构思下共同完成设置任务。

二、电影与电视

（一）电影的诞生

19世纪末，美国发明家爱迪生制成了电影视镜。由于电影视镜只有胶片而无银幕，故还不能算作电影。

同样，在19世纪末法国人卢米埃尔兄弟发明了电影，尽管影像无声无色，却形象逼真，以至幕布上下起大雨的时候，观众们生怕会和幕布上的人群一样被大雨淋湿衣服，四处奔跑以寻求避雨之处。从此，人们将这一天作为电影的诞生日。

电影很快风靡世界。1896年在上海播放的西洋影戏，就是从爱迪生发明的电影视镜演变而来的。1905年，我国进口了一台手摇式电影机，拍摄了由著名京剧演员谭鑫培出演的《定军山》。这可算作电影在中国的诞生。

经过多年的发展、完善，电影被称作诞生于文学、戏剧、绘画、音乐、舞蹈、雕塑、建筑之后的“第八艺术”。

（二）电视的产生与发展

1. 电视的产生

电视产生的基础是无线电和广播的出现。1925年英国人约翰·洛吉·贝尔德研制成功了机械电视系统，然而很快就被性能更好的电子电视系统代替。

1958年9月2日，中央电视台的前身北京电视台正式开播，标志着中国电视事业开始起步。

2. 电视节目的发展

随着时代的发展，电视的节目也在发展。早期的电视节目主要是新闻、体育比赛、电影、戏剧、电视剧等。那时的电视节目只有单个节目的概念，节目与节目之间是一种松散的关系。随着时代的发展，电视栏目化已经成为电视节目制作和经营的重要手段。电视栏目将同一定位，反映同一内容或同一类型的节目归为一个专栏，使其有固定的栏目名称、栏目片头、主持人、板块构成、风格特征、时间长度，并且安排在固定的时间予以播放。

（三）电影、电视的特征

正如法国电影史学家萨杜尔所述："电影之伟大，在于它是多种艺术形式的综合体。"影视作为一种视听艺术，具备空间艺术和时间艺术的特性，能够吸收并融合传统艺术形式中的绘画、雕塑、建筑、音乐、文学和戏剧等元素，将艺术直观呈现于人们的视听感官中，兼顾视觉和听觉、时空、动态和静态等，实现表现和再现生活的综合效果。

电影以故事片为主，同时也包括纪录片、美术片以及科教片等类型。与此不同的是，电视除了电视剧和纪录片之外，还涵盖了各种文艺节目、综艺娱乐节目以及访谈节目，甚至还有快速传播的电视新闻节目。电影通常带有浓厚的商业文化色彩，通过售票供观众在专门的电影院里进行集体观赏；而电视则是面向公众传播，可供家庭和个人免费收看（不包括付费电视）。

在画面造型方面，电影利用大屏幕的优势，强化视觉冲击力，注重展现远景、大全景、全景等大场面；相对而言，电视屏幕较小，呈现的景深和景宽都十分有限，远景和全景镜头难以达到理想的表现效果，因此近景和特写镜头成为电视画面的主要呈现方式。

在场面调度方面，电影的调度力强，画面内调度频繁，人物和摄影机运动多，画面动感和节奏感强；而电视的调度较少，运动较少，主要通过剧情的内部张力产生跌宕起伏的节奏感。

此外，电影在色彩造型方面，表现力丰富，色彩还原度高，而电视在色彩表现上相对逊色。例如，在第五代电影《黄土地》中，对大片大片的黄土地进行了泼墨重彩的表现，强化了人们对土地的依赖和眷恋之情。

在声音造型方面，电影更加注重音响的真实表现和音乐的情感表达，而电视则更加强调对白。在电视连续剧中，大量的对白是为了提供信息，推动剧情的发展。

电影技术的发展使得其在画面和声音的质量上比电视更加出色，因此电影的逼真效果给观众带来特别强烈的感受，使他们对电影中所发生的一切产生认同感。电影观众需要全神贯注，而电视观众可以偶尔分神。电视观众通常采用扫视的方式观看节目，而不是长时间盯着电视屏幕。

电影和电视的审美观赏模式具有显著的差异，这些差异主要源于影院的公共性和封闭性，以及电视的私人化和开放性。电影的人造现实为观众创造了一个看似真实的虚拟空间，这个空间封闭而充满想象。

电影中的事件通常都具有完整的单一性，虽然深植于日常生活经验，但其运作方式、视觉风景、情节布局等都更加复杂、超越常规并具有梦幻感。因此，电影的特质常常是内容上的多元化、形式上的奇观化、体验上的陌生化。结果就是，电影和它的审美观赏体验是超越日常的。

与此相反，电视的审美特性更加强调与生活的同步和即时性。这不仅体现在电视播送的信息内容的时效性和即时性，也体现在观看电视行为的日常性和与生活的同步性。电视机与沙发、冰箱、电话等家用物品共同构成了我们日常家庭生活的环境，观看电视以个人或家庭为单位进行，常常与人们的其他日常活动同步进行。

由于观众可以随时利用遥控器调整或更换观看内容，这给了电视观众更大的自由度和主动性。这种审美的日常化产生了电视的特性，即内容上的生活化、形式上的常规化、体验上的日常化。电视的审美观赏体验是日常化的，电影就像梦境，而电视就像窗户。

第二节　剖析美：影视鉴赏能力的培养

一、影视鉴赏的含义

什么是影视鉴赏呢？简单地说，影视鉴赏是人们在观看影视作品时的一种认识活动和精神活动。作为艺术种类之一的影视，与其他种类的艺术，如文学、戏剧、绘画比较起来，更贴近生活，更接近现实场景。影视观众通过影视鉴赏活动，不仅可以了解生活、认识社会、熟悉历史、关注现实，探索自然、宇宙和人自身的奥秘，从中获得启迪和教益，而且可借以丰富自己的精神文化生活，得到娱乐和休息，愉悦身心，陶冶情操，宣泄感情、抚慰心灵，从而升华自己的人格，提高自身的素质和精神文明水准。总之，影视鉴赏是影视观众对影视作品产生的一种审美享受，也就是说观众通过影视影像和语言、音乐等媒介，获得对影视作品所塑造艺术形象的具体感受和体验，引起思想感情上的强烈反应，得到审美的享受，从而领会影视作品所包含的思想内容。

二、影视鉴赏的方法

（一）反复看喜欢的影视作品

一部影视作品，看第一遍的时候，往往会被它的情节所吸引，而看第二遍、第三遍，甚至更多遍时，就会从故事情节中跳出来，比较冷静地分析剧情结构、人物形象、摄影造型、节奏处理、表演层次等艺术问题。

反复地看自己喜欢的影视作品，还可以不断地强化自己进行影视鉴赏时的心理定式。只有反复观看，才能潜移默化地培养自己独特的审美情趣，或带着心理定式去鉴赏其他电影。

（二）反复鉴赏大师作品

电影虽然只有短短的100多年的历史，但涌现出的大师却灿若星河。大师们以他们对宇宙、社会、人生的深刻领悟，创作了一部又一部的艺术珍品。

雕刻大师罗丹说：“所谓大师，就是这样的人：他们用自己的眼睛去看别人见过的东西，在别人司空见惯的东西上能够发现出美来。”

电影作品，往往要通过视觉、听觉以及视听交合的形象，来带给观众审美的享受。大师坚持自己的艺术追求，不为世俗的偏见和思维定式所左右。他们不为商业利益所动，而是扎扎实实地用视听语言表现着自己的心灵和对真理的探求。他们对所处的世界有着比常人深刻的认识，并能够用他们所掌握的视听语言，把他们的思考转化到银幕上。他们已经不仅仅是艺术家，而是用电影语言思考的思想家。

（三）与他人交流影视鉴赏的感受

当观看影视作品时，每个人都会有自己独特的感受、理解和解读，而与他人分享这些感受可以拓宽我们的视野，深化我们对影视作品的理解。

（四）有意识地记忆重点的东西

一部电影不能看完就算了，应该在心中留下印象。比如，这部影片的移动摄影非常有特点，就可以记下来。有时候也可以做一些观影笔记，以加深印象，潜移默化地形成比较固定的鉴赏意向。这样，在面对一部影片的时候，就有了鉴赏的基础。鉴赏的品位是一点点地培养起来的。

而对于电影来说，“重点”都有哪些呢？艺术手法、艺术风格、艺术内涵，都可以说是电影的重点，一个刚刚涉足影视鉴赏的人可以先把重点放在基本可视的、易于理解的方面。

三、尝试阅读和撰写影视作品分析评论文章

鉴赏影视作品的深度，与对作品的接受意识和分析理解意识的强弱有关。有些影视艺术精品内蕴极其丰富复杂，只是简单地看作品，难以深入其中，把握其精髓。而阅读他人的影视评论文章，可以弥补我们鉴赏影视作品时这方面的不足。在经过一定的学习训练，大家对影视艺术有了一定的了解之后，若想进一步提高影视鉴赏水平，就应该尝试写一些影视作品分析评论文章，有效提高自己的影视鉴赏水平。

第三节 赏析美：影视艺术佳作赏析

《百鸟朝凤》改编自肖江虹的同名小说，是导演吴天明生前执导的最后一部电影。该影片讲述了游天鸣从小跟随德高望重的唢呐老艺人焦三爷学习唢呐，并与师父一起在时代发展变革中，执着坚守、传承唢呐技艺和精神的故事。

“唢呐不是吹给别人听的，唢呐是吹给自己听的。”电影《百鸟朝凤》以传统文化的传承发展为题材，讲述了在时代快速发展之下传统民间艺术不断没落的故事。影片通过

游天鸣用芦苇秆吸水、不分季节地不断练习唢呐的过程重点展示了吹唢呐之难，以及在新时代来临之后唢呐逐渐变得举步维艰。影片中对于如何继承和保护传统文化问题的关切，赋予影片强烈的现实质感和问题意识，使它成为时代书写中的重要一笔。

在电影文本层层叠叠的叙事中，观众更多地静静听着这个故事流淌。影片仿佛不是在展示，而更像是在陈述；观众不像是在观看，而像是在聆听。观众感受到岁月流转之音，阳光流动潺潺之律。影片在叙事上没有太大的跌宕起伏，平铺直叙，让人动容。

"眼泪"作为叙事层次的节拍器，以"哀悼"的情感浸润出传统文化的价值体系在现代文明的冲击下七零八落，个人在当中的回天无力。天鸣的眼泪恰恰证明了焦三爷所说的"唢呐要传给有德行的人"，影片在悲剧的情感底色中流露出天鸣对父亲身体的担忧、为唢呐吃苦的韧劲、师弟离开时不舍的复杂情感以及师父焦三爷过世后痛彻心扉的伤痛情绪，每一滴眼泪背后的情感都复杂且真实，但每一滴眼泪都是天鸣的成长印证。人类生活里的礼和乐，反映了天地的节奏与和谐。一切艺术境界都根植于此，唢呐就是焦三爷的生命，寄寓着他的道德理想。当戴着墨镜的时尚青年用脚狠狠踩碎唢呐的瞬间，胸中的精神之气再度激发起焦三爷的慷慨之情。他拖着孱弱之躯，不顾一切地为逝者奏起生命的绝响，最终喷出大口鲜血，惊呆众人。这一幕电影的高潮场景自然充满悲壮色彩，但也让天鸣和观众更加强烈地意识到人格精神的持久动力。影片通过一代代匠人对唢呐的传承过程，传递出对传统文化继承和发展的坚定信仰，生发"把唢呐吹到骨头缝里"的精神。

（一）传统文化的灵与美

该片从表层看表现的是吹唢呐，但从深层看，表现的是对中华民族、对优秀传统文化应持有的正确态度。如何对待本民族的优秀传统文化，其中包括根植于民众的民间文化，这是当前中国面临的一个严峻课题。

作为中国传统社会中的民族乐器，唢呐在中国人的生活里扮演着重要角色，不但浸染着中国传统文化的强大基因与美学含义，还以文化意象的形式在现实生活和电影制作中被赋予了传统音乐文化的象征意义。在电影《百鸟朝凤》中，唢呐是典型的也是唯一的文化意象，它被赋予了传统音乐和传统文化的象征意义。从片中人物学习和演奏的过程中，观众能够感受到中国传统音乐的基因与美学底蕴。借助《百鸟朝凤》这部电影，我们能够看到两代唢呐匠人在关乎传统音乐的问题上具有完全一致的态度。

（二）色彩的运用

俗话说，"一日为师，终身为父。"可见"师父"这个词除了传道授业解惑的意义之外，还蕴含着浓厚的感情色彩。该影片为塑造焦三爷"严师慈父"的人物形象，除了以拍摄手法和故事情节衬托以外，还运用了色彩进行烘托。比如在下大雨时，整个画面色调阴冷灰暗，水边芦苇杂草凌乱堆砌的墨绿色，这些色彩让人感觉压抑绝望；就在天鸣不在意天气继续跪在水边吸水时，镜头切换，画面中出现了师父和师娘的身影，一个20秒的固定长镜头将焦师父对天鸣的爱护体现了出来，他从天鸣手中扯出芦苇秆扔在一边，帮天鸣披上蓑衣，还解下自己的草帽戴在天鸣头上，师父师娘再加上天鸣，像和谐的一家三口，即使画面色调再冷，但是画面传递的内容是暖的，而且借冷写暖，整个人物关系更显和谐温暖。

此外，《百鸟朝凤》的画面颜色饱和亮丽，每一帧画面都可以作为海报或是壁纸。比如天鸣帮师娘纺线的那场戏，五颜六色的彩线横竖地交织在一起。在大俯拍的镜头下，视觉效果非常震撼，仿佛师娘化身成心灵手巧的织女，在纺织一件光彩夺目的凤凰羽衣。

这种不同色调的运用足以衬托出特有的气氛，使电影主人公的形象更加鲜明立体。色彩作为电影语言的一部分，在确立导演风格、表现整部影片基调、渲染故事气氛、体现人物内心情感、激起观众情绪方面，都具有其他语言无可比拟的优势。

探索美

1. 分享一位为中国影视事业做出杰出贡献的影视工作者的事迹。
2. 组织一次影视鉴赏活动，并对观影作品做出艺术评价。

思享汇

《我和我的祖国》讲述了中华人民共和国成立70年间普通百姓与祖国息息相关的故事，由前夜、相遇、夺冠、回归、北京你好、白昼流星、护航七个小片段组成，分别讲述了1949年开国大典、1964年原子弹研发工作、1984年中国女排夺冠、1997年香港回归、2008年北京奥运会、2016年神舟十一号飞船返回舱成功着陆、2015年纪念中国人民抗日战争暨世界反法西斯战争胜利70周年阅兵式这七个很有代表性的事件。这些小故事中的每个人物都是以自己的方式为国家奉献的人，有的人甘愿隐姓埋名多年，舍小家为大家；有的人成为替补，把机会让给别人。该片蕴含的爱国主义情怀、重大历史事件等也给观众们进行了一次爱国主义教育洗礼。

第十章 相看两不厌：审美与创造美

【名人名言】

没有审美力是绝症，知识也救不了。

——木心

【学习目标】

1. 了解审美素养的提升方法。

2. 了解科技基本类型，掌握科技审美特征与鉴赏方式。

3. 运用现代科技与艺术融合的方式创造美的作品，培养科学探索兴趣，强化对科技的热爱，促进美学鉴赏能力的启蒙与提升，启发创造性思维。

第一节　美与美的事物

审美关系是人与现实诸多关系中的一种，是指审美主体与审美客体之间发生美学上的关系。也就是说，作为审美主体的人，通过审美实践活动，在审美客体中发现、感知、认识和欣赏它的美，或把握它的其他美学特征，如崇高、滑稽等。人之所以能欣赏美、认识美且创造美，就是因为人与现实之间存在着这种审美关系。

如此，在远古，一些今天被认为美的事物（如高山大海、日月云霞等），对人来说不是审美对象，它们的某些美学属性如色彩、线条、和谐比例等，对人来说没有意义。当人与现实之间还不存在审美关系时，那些今天被人们认为美的许多事物在当时并没有美学意义，但是它们对现在的人来说具有美的属性，即使叫作“美”，在当时也只是一种对人没有意义的“自在的美”。只有当人与现实之间建立起审美关系时，“美”才能被人们所认识、所欣赏，才能成为人们的审美对象。

那么，我们首先要了解，人与现实之间的这种审美关系是如何建立起来的呢？是在什么条件下建立起来的呢？首先，人与现实的审美关系，是由人类的生产实践活动建立的。在人与现实的各种关系中，最初的也是最基本的，并不是审美关系，而是生产关系或实用关系。人要生存下去，首先必须劳动，必须进行生产实践活动，人才能在改造客观自然的同时，逐步发展起自身的各种能力，包括认识美的规律的能力和审美能力。这样，人与现实的审美关系也在生产劳动实践过程中萌生出来，尽管它在一开始还不是独立的，还是人与现实其他关系的附庸。

如果说，人类早期打制的石器还只是单纯的生产工具，那么，到了旧石器时代的晚期，石器作为生产工具，在锐利实用的前提下，已具有了一定的审美因素，如形状对称、色泽鲜艳、加工精细等。随着人类生产能力的提高，作为审美主体的人的感觉能力也越来越强，而作为审美客体的现实对象也越来越多地进入了审美关系之中。于是，人与现实的关系开始越来越明确地发生分化，逐渐形成各种彼此相互联系又相互独立的关系。

而人与现实建立起审美关系，还是由于人具有审美的需要。人有各种本能、欲望和需要。因为人不仅是动物性的，还是社会性的，不仅是物质性的，还是精神性的。人在劳动生产的过程中，一方面发现了自然界的规律，懂得利用工具进行生产；另一方面也发现了美的规律，并且能够按照美的规律改造客体和创造新的对象。这个由于人的审美意识创造出来的新对象，既是新的物质实体，也是人的精神力量的体现。

所以，“人化的自然”，实际上指的是人与现实建立审美关系的条件，是人之所以能够认识美和欣赏美的条件，并不是指美本身。实践是认识的条件，并不是认识的客观内容。美不等于审美，审美涉及审美主体与审美客体，美则是审美客体的客观属性。正是由于生产实践活动，人才能够与现实建立起审美关系，才会有越来越多的对象成为审美关系中的客体；而作为审美主体的人，也才会越来越有能力认识审美对象的美，并且能够发挥主观能动性改造并创造出新的审美对象。

人与现实的审美关系，就是审美主体与审美客体的美学关系。审美主体对审美客体的感知能力和理解程度，制约着审美主体对审美客体的改造和对新的审美客体的创造。随着实践的发展，审美客体日益丰富，反过来又作用于审美主体，促进审美主体的审美能力。通过这种方式，人和现实建立起了美学关系。

在明确了人与现实的美学关系后，我们也要了解前人是怎样理解美、怎样欣赏美的。在2 500多年的美学史上，美学家们利用各种途径探索美的踪迹。希腊语中，“宇宙”的本义就是“秩序”。毕达哥拉斯学派把音乐的和谐现象推广到整个宇宙之中。他们用数的和谐来解释宇宙的构成和宇宙的美。数是宇宙的本源，宇宙的各个天体处在数的和谐之中。

中国人固然也观照宇宙和太空，然而观照的方法和西方大不相同，因此也形成了中西方审美意识和艺术意识的重要区别。

中国传统美学在“美”的问题上的一个重要观点就是：不存在一种实体化的、外在于人的“美”，“美”离不开人的审美活动。唐代思想家柳宗元有一个十分重要的命题：夫美不自美，因人而彰。这句话提出了一个重要思想，就是自然景物要成为审美对象，就必须有人的审美活动，必须有人的意识去发现它。

产生美感有一个很重要的条件，那就是距离。这里说的不仅仅是物与物之间的距离，更重要的是审美的距离。人生之初都有一个不分主客的阶段，在这个阶段中，谈不上主体对客体的认识。随着年岁的增长，人逐渐有了自我意识，有了主体与客体的区分。由于长期习惯用主客关系的模式看待人和世界的关系，很多人在一般情况下很难不被功利覆盖。而不被功利覆盖的审美关系，可以生成一种审美态度。

朱光潜强调，要有审美态度（审美的眼光）才能见到美，而要有审美态度，必须抛弃功利的态度和科学的（理性的、逻辑的）态度。

时间距离和空间距离也有助于产生美感，而时间距离和空间距离的存在实际上就是因为和实用拉开了距离。

朱光潜小时候在乡下，早晨看到的是那几座茅屋，那几排青山，晚上看到的还是那几座茅屋，那几排青山，觉得它们真是单调无味。然而几十年后回忆起来，却不觉有些留恋。其实许多人会有这样的体验：当时认为是很平平无奇的事，后来往往成为美好的回忆。

第二节　科技之美

一、科技之美的定义

科技美学思想的起源有着悠久的历史，其追求的是真、善、美的统一的意义，最早可追溯到古希腊的毕达哥拉斯和中国先秦的宇宙和谐论。科技美学思想在西方文化中倾向于美与真的结合，而在中国文化中则倾向于美与善的结合。

科技之美属于美学的一个分支，可分为科学美和技术美，其包含了自然科学、人文科学等众多科学与美学的交叉融合的问题，而美学则本身就是研究美的科学，美学的人文精神能赋予科技更高精神理念的追求，科技在美学的支持下则能更加完美呈现出对人类文明发展的正向推动。

由人类历史文化孕育的科技之美随着时代的发展而不断产生新的内涵，美学体系的疆界也在不断拓展，新的科技理论与应用方式的出现会对人类社会物质与精神文明产生不同程度的影响，特别是一些划时代的重大科技成果甚至能改变整个人类思想体系和历史文化的发展方向。

近年来，科技呈现出爆炸式的发展，因而科技审美成为现代美学研究中非常重要的对象，也是当代大学美育需要重点关注的课题。

二、科技之美的类型

（一）科技之美的分类

1. 科学美

科学美指科学领域里存在的美。它是美的一种独特形态，是“真”与“美”交叉融合的结晶，体现出人的勇气与探索精神。

广义的科学包括哲学、自然科学、社会科学和思维科学等，狭义的科学专指自然科学。首先，科学美表现为科学研究对象的美。普通人也许感受不到科学研究对象的美，但科学家却能感受到他们的研究对象所蕴含的迷人之美。比如，昆虫学家分析蜻蜓翅膀的结构，物理学家研究分子和原子整齐地排列，都可以从这些不同的对象身上感受到一种对称之美。

传统美学体系所谈的自然美是展示自然界外在形态的现象美；而科学美则体现了自然界内在系统的美。科学美所研究的客观对象通常是在人的感觉之外的：或微观世界，或宏观世界。鉴赏者不仅需要具有必要的科学理论与科学修养，而且还要借助科技设备对研究对象的外在形态和内在结构进行细致入微的观察，而后才有可能发现并体验到它的系统美。

其次，科学美表现为科学理论美。科学是客观世界本身的自然和谐的形态与系统在科学理论上的反映。许多物理学或数学公式，极其简练、完美，在有科学修养的专家眼里是极具吸引力的审美对象（如：圆周率 π）。

2. 技术美

技术指的是人类改造世界的方法、途径、手段、设计、措施和技艺的总和。技术美体现在物质生产的技术运用过程及其成果（产品）之中，它最开始体现于手工操作方式的技术活动及其成果中，现在则主要体现于现代大工业机器操作方式的技术活动及其成果中。

技术美是技术与美学、技术与艺术的交融。技术的过程体现着真与善相结合的过程，其彰显出人的智慧与理想，也是创造美的过程。技术产品则是真与善的结晶，因而是审美价值的最深广的源泉。真正美的作品技术上必定是完善的，但技术上完善的作品却不必然是美的。技术美不仅是技术的完善，而且融合了审美因素，是技术与美结合的巅峰。所以，技术美是实用功能与审美功能相结合的产品所具有的美。

（二）科学美与技术美的关系

在人类社会发展史上，无论是西方还是东方，所谓科学与技术，两者是交叉相融的知识形态，它们也是无法截然分开的。科学与技术、科学美与技术美都源于相同领域，二者是相互依存、相互促进的辩证统一体。人类要谋求生存发展，首先要认识客观世界，然后能改造客观世界。因此，科学与技术是认识世界、改造世界的统一过程，它们基本的使命和目标是一致的。

综上所述，科学美主要研究客观世界规律的审美问题，偏重理智美；技术美主要研究物质生产领域的审美问题，偏重功能美。

科学美与技术美的区别主要有以下几方面。

1. 科学美是内在美，技术美是外在美

科学美体现在主体对客观世界内在的本质规律的认识与把握之中，是一种内在的美，人无法直接感知到这种美。但技术美则是技术设计和技术实施的过程，需要落实到物质产品的外观形式上，人们可以感知到，是具体可感的一种美的外在形式，如东方明珠、水立方，都是科技含量极高的美的结晶，人们能感受到它外在美的特征。

2. 科学美是规律美，技术美是创造美

科学所研究的物质世界是运动的、变化的，而运动变化是有规律可循的。特定的条件下，对象就能有规律地运动与变化，人们就能掌握规律、运用规律。因此，科学美的实质是一种内在的规律美。技术美虽然以科学理论为基础，严格遵守科学的规律，但它的形式却是一种外在的、感性的美，所以对技术产品的审美，可以多姿多彩、丰富多样，可充分地体现审美设计创作者的各不相同的审美个性、审美情趣与审美风格，而不同的审美设计就是创造美的例证。

3. 科学美是理智美，技术美是大众美

科学美是人类高级的智慧结晶，是探索与创造高度智能的集中体现。无论是对宏观世界的探究还是对微观世界的追寻，都需要有高度的科学与文化修养，没有这种“修养”，就不能理解和体验科学美。科学美是属于科技工作者所能理解、体验的美。而技术美的成果形态多样，具有可感的审美外观，所以人们容易体验到它的功能美与形式美。

三、科技之美的特征

科技之美是以理性和逻辑为审美基础的形态独特的美。无论是科学美还是技术美，都要契合客观对象的规律性（真），否则科学便成了谎言，技术便成了魔术，根本谈不上科技，更与美无缘。所以与美的传统理念不同，科技美是一种广义的美，它的生命便是事物的客观规律，是“真”。我们谈论科技美的特征与功能是以“真”为基础的。

（一）以效用为目的

无论是科学美还是技术美，最终都要以有无效用为目的。没有效用的科技美就没有存在的价值。但是，这里所说的“效用”是广义的，而不是狭隘的，一般来说，科学美的效用是潜在的、滞后的、非直接的，但又有着普遍性的、基础性的、规律性的意义，因而富有深远的价值。

技术美的效用则是有目共睹、尽人皆知的。科学的某项发现或发明，一旦被开发并应用于现实生活，就会给人类带来巨大的福祉。不知有多少人被各种不治之症过早地剥夺了生命，而科学家发现的抗生素及其应用则拯救了无数人的生命。又例如，以前得癌症几乎等于被判为“死刑”；而现在各种抗癌医学科技不断发展，生存期不断延长，治愈率不断提高，最终攻克癌症的愿望将不是幻想。

（二）以简练为基准

简练是科学美的特征。任何科学研究（甚至包括艺术创造），都是从混乱、无序的现象中，寻找出对象运动变化的特征与规律，从而用极其简练的理论、定律、守则、公式来概括它。结论以简练为好，所概括的内容，包括经验、事实、现象，则越丰富、越复杂越好。爱因斯坦说：“一种理论的前提的简单性越大，它所涉及的事物的种类越多，它的应用范围越广，它给人们的印象也就越深刻。”所以，科学研究问题追求一种最简练的结论，简练就是美的一种体现。至于技术美，则是一种现实美、应用美，也要求简练、明快。技术要推广应用，就需要更多人能掌握，而对功能多、科技含量高的产品，也要力求使用方便简单，易于被大众所掌握。

（三）以创新为特点

不论是科学美还是技术美，都要求创新，要为当今世界提供对客观世界的新认知和新产品，否则就会因循守旧，人类的认知就将永远停留在原有水平上，不可能有新的长进与提高。所以，“新”“奇”是科技美的重要特征。科学技术活动的共同使命，便是从繁复万变的自然现象中努力寻找规律，做到有所发现、有所发明、有所创造，提供给人类世界还未曾有过的“新”的认知和事物。“新”“好”“奇”是科学家的重要素质。科学源于人类与生俱来的对未知事物的好奇心，因好奇人们就会寻根究底，就要探索追问，就会对新奇现象、新鲜事物非常敏感，从而产生追求、探索其奥秘的强烈愿望，这就是科学发展的基础。

（四）以和谐为旨归

“美是和谐”，这是中外自古就流行的一种说法。美与艺术都离不开和谐。但和谐之美，不仅体现在日常的社会生活中，而且也鲜明地反映在科学技术活动中。科学的任务就是要从宏观世界无序的运动变化中寻找其内在的规律。规律就是秩序，发现规律就是认识世界、掌握世界。技术的任务就是遵循科学所发现的规律，进一步掌握与完善改造世界的方法与手段，使世界更好地为造福人类服务。而在长期的科技实践中，科学家们发现世界是个和谐有机的整体。无论是自然界的内在结构还是它的外在形态，都是经过亿万年的矛盾统一运动缓慢进化所达到和谐有机的结果。

英国作家沙利文谈到科学与美学的关系时曾说：“因为科学理论的主要宗旨是发现自然中的和谐，所以我们能够立即看到这些理论必定有美学价值。一个科学理论成就的大小，事实上就是它的美学价值的大小。”“科学在美学上的不足程度就是它作为科学不完善的程度。”而许多杰出的科学家反复强调科学与艺术是相通相融的，美是科学与艺术所共同追求的目标。

随着社会的发展，人们对技术产品的审美需求越来越高。因此，科技之美的最终目标是科技与艺术的交融，是最大限度地追求和谐所呈现的完美。

四、科技之美的主要功能

（一）导向功能

美与真有着不可分割的有机联系。科技要求“真”，“真”是科技的生命。而美能导“真”，成为寻求真理的向导。在科学发明史上，有许多杰出的科学家都把美感作为向导，由此而求真，最终做出了重大的科学贡献。在科学美中，真与美不仅不矛盾，而且是有机的统一体。科学家由求真而发现美、获得美的体验，或者相反，由求美而发现真，获得重大科学发现，这样的例子不胜枚举。

（二）鉴别功能

美不仅能吸引科学家去研究“真”、发现“真”，而且能帮助科学家去鉴别真伪，判别是非，洞察本质。实践是检验真理的唯一标准。检验科学技术，主要靠科学实验。唯有能够反复验证的结果才是真正可靠的科学依据。美能协助人们鉴别“真”；凡是美的东西，往往是与真联袂而来的。

（三）愉悦功能

美能引起情感愉悦，科技美也不例外。效用与审美是科技美的两大基本功能。在效用的基础上力求“尽善尽美”，则是科技美的使命。科学美是少数科学家才能观赏、体验到的美，所以可谓之“理智美”。而技术美尤其是产品造型美，则是大众都能感受和欣赏的，而且正在广泛地体现于社会生活实践中，所以可谓之“大众美”。无论是“理智”体验到的还是“大众”能感受到的，都是客观存在的美。科学家殚精竭虑、孜孜以求地探索，重要动因也在于寻求美的愉悦。许多杰出的科学家，如爱因斯坦、普朗克、玻恩和海森伯等，都有很高的艺术修养。奠基于科学的技术美，审美愉悦功能更为鲜明、突出。几乎所有的建筑设计和工业产品设计都必须讲究美的形式。

随着现代社会的不断进步，面对人类日益增长的物质和精神需求，审美需求也在不断增长。因此，美与技术的交融有着巨大的价值与意义。

五、科技之美的价值

随着时代的不断高速发展、现代科技水平的不断提高，无论有多少美学体系的存在，科技美都是一种反映社会现实和实践的美学范畴。现代科学技术已是现代最重要的审美对象之一，审美价值也是现代科学技术的重要价值之一。科学技术的进步不仅对科技美学产生重大的影响，而且还通过科技之美对人类的其他审美活动起到了巨大的促进作用，同时也对整个人类社会文明产生了深远的影响。

（一）提供丰富的审美对象

科技美学为审美活动提供了更加丰富的审美对象。现代的审美对象早已不局限于物质世界中自然生成的物象以及传统的一些艺术类型，由于现代科技的创新，产生了非常多的新事物、新产品、新的艺术形式、新的思想观念，同时传统的审美对象在现代科技的融入后，其形式与内涵更是产生了质的蜕变，并形成了多姿多彩的审美语境，这也满足了现代社会人们新的主客观需求。因此，现代科技为现代社会人的审美活动提供了极丰富的审美对象。例如电影艺术上由于超清数字技术、6D技术、动作捕捉技术等各类高科技的介入，创造出了一个个令人惊叹、绚丽奇美的视觉幻景。

（二）拓展审美感官范畴

现代科技的发展能极大地拓展和延伸人类的审美感官的范畴，现代科技的成果能让人类感知和观测到更广袤、更神秘的宇宙时空，生命物质形态或者是前所未见的神奇世界。

（三）提供全新的审美方式

科技美学为审美活动提供了全新的审美方式。现代科技的发展使得人们改变了传统的审美方式，人们不再被动地欣赏他人提供的审美对象，人们不但可以通过高科技根据自己的需求选择审美对象，还能够全方位地主动参与审美对象和整个审美活动的构建和创造。例如，沉浸式的虚拟现实技术能帮助人们拉近与审美对象的距离或者是能自发主动地改变审美模式，能将最符合审美主体需求的审美方式创造性地呈现出来。

（四）提供丰富便捷的审美手段

科技美学为审美活动提供了更加丰富和便捷的审美手段，可以帮助人们进行审美活动。人们在现代科技的帮助下，拓宽了认知，可以获得更为丰富的审美体验。

（五）提供丰厚的文化氛围

科技美学为审美活动提供了更加丰厚的文化氛围。现代科技能提高整个人类社会教育文化的水平和标准，并能创造出许多全新的审美对象，在创造新的审美对象的过程中可以全程进行相关的科学性的检测、逻辑性的推演和社会伦理性的判断，从而创造出符合人类在思想、文化、道德、艺术品质等方面的需求的审美对象。整个审美过程能极大地调动社会整体智力、物力并全方位地促进社会的进步与发展。

（六）延长审美活动的周期

科技美学为审美活动延长了周期。现代科技能够极大提高社会生产率，使物质生产高度丰富。在这种状况下，人们拥有更多的时间和精力进行审美活动以满足精神世界的审美需求，因此现代科技使得人们审美的时间和审美的领域获得了最大化的延展。

（七）提升并扩大审美主体的层次和范围

科技美学提升并扩大了审美主体的层次和范围。现代科技的发展让更多普通大众能获得参与审美活动的机会，同时也能提升和扩大社会整体的审美层次和审美范围。特别是现代工业技术与大众传播技术的发展让整个社会都高效化、大众化、通俗化地接受审美活动的精神陶冶，并推动整个人类社会的文明发展进程。

六、科技与艺术的交融

科学、技术与艺术的相互关系，从人类社会早期阶段的合一形态，经历了分化—交叉的发展，在各自得到了巨大进步之后，又趋向于回到新的融合。在这种发展状态中，现时的趋向并不是简单地重复第一阶段的历史形态，而是包含了更为多元的社会内容和历史哲学意义的有机融合。在科学美、技术美和艺术美的创造过程中，很多伟大的科学家、艺术家通过艰苦卓绝的探索、创造性的劳动、综合的知识结构与人文精神，为人类社会创造出宝贵的物质与精神财富，为当代社会的进步与发展做出了卓越的贡献。

（一）袁隆平杂交水稻

尼采说过，“一切美好的事物都是曲折地接近自己的目标”。“杂交水稻之父”袁隆平一直深受这位伟大哲学家的影响，他在茫茫稻海中，寻找着一粒改变世界的种子，虽然过程是极其艰难的，但袁隆平坚信，只要持之以恒地沿着这条路走下去，一定会接近自己的目标。

1961年，袁隆平通过艰苦研究，发现了一株天然杂交稻，看到了人类利用天然杂交稻的自然规律培育出人工杂交稻的希望，从而做出了“决定性的思考和选择”。1964年，他发现了第一株天然雄性不育株，从此迈出了关键的第一步，在中国首创水稻雄性不育研究，并在国内首次勾画出了一条三系法杂交水稻技术路线图。2014年“中国超级稻育种计划”第四期目标提前实现，经专家组验收，超级稻“Y两优900”百亩（1亩≈666.7平方米）示范片平均亩产1 026.7公斤，创造了水稻亩产世界纪录，彻底为拥有14亿人口的中国解决“把中国人的饭碗牢牢端在自己手中”的问题。鉴于袁隆平对世界粮食生产所做出的伟大贡献，挪威议员提名他为2014年度诺贝尔和平奖候选人。

袁隆平曾说，他一直有两个梦，第一个是禾下乘凉梦，“我梦见水稻长得有高粱那么高，穗子像扫把那么长，颗粒像花生那么大，而我则和助手坐在稻穗下面乘凉。其实我这个梦想的实质，就是水稻高产梦，让人们吃上更多的米饭，永远都不用再饿肚子。”另一个梦，是杂交水稻走向世界、覆盖全球梦。

（二）南仁东的“中国天眼”

世界最大单口径射电天文望远镜的“中国天眼”（FAST）于2020年1月11日落户贵州并正式运行，作为中国天眼的首席科学家、总工程师南仁东院士等到了期盼已久的圆梦时刻，20年前南仁东曾在日本国立天文台担任客座教授，但他却放弃了日本的高薪待遇决然回到祖国，因为他有一个梦想，希望能为祖国的天文科学事业做出贡献，研制世界最先进的天文望远镜，能让中国人看到更遥远的宇宙星空。在国家大力支持下，南仁东院士经过20多年的不懈努力终于在中国建成了世界上感应最灵敏、设计最先进、口径最大的射电望远镜，号称“中国天眼”。

这座超级射电望远镜由多块大小不同的三角形反射板组成其反射面，反射面的总面积相当于30个标准足球场。其宏伟的外观在工程设计上非常完美，在功能上让人们能观测探索到更遥远的星空之美。“中国天眼”的索网结构也是当今世界跨度最大、精度最高的，它与被评为人类20世纪“十大工程”之首的美国阿雷西博305米口径射电天文望远镜相比，灵敏度更高。“中国天眼”是当之无愧的国之重器，在世界科技史上也有着开创性意义。

（三）中国的核聚变“人造太阳”

2021年5月28日凌晨3时02分，一项科技界最新的世界纪录诞生在中国科学院合肥物质科学研究院，EAST（有“人造太阳”之称的全超导托卡马克核聚变实验装置）以1.2亿摄氏度的温度，持续“燃烧”了101秒！这项纪录比韩国创造的原世界纪录延长了5倍，现场的科研人员们都感觉非常欢欣鼓舞，这是一个历史性的时刻。

核聚变，又称聚变反应，它比核裂变释放的能量要大许多，同时对环境污染比较小，所以可控核聚变的能源是人类未来非常重要的能源选择类型。这次“人造太阳”EAST纪录的创造离可控核聚变又更近了一步，当然离建成核聚变发电站还是任重道远，还需要中国科学家们努力奋斗，再接再厉。

第三节 欣赏与创造

艺术作品的内容不能像倒水一样，从一个水杯倒进另一个水杯中，从艺术作品中转移到欣赏者的脑中，而要由欣赏者本人通过智力的再造和再现，在脑海中形成新的形象。由于人的差异性，艺术欣赏也是有差异的。

欣赏者对艺术作品的把握和对艺术的理解，有着深浅的不同。正如南朝刘勰在《文心雕龙·知音》中说道：操千曲而后晓声，观千剑而后识器。这说明，进行大量具体的艺术欣赏活动是提升审美能力的有效途径。

另外，渊博的知识和丰富的阅历也是提高艺术修养的重要条件。

总之，丰富的艺术欣赏和实践、较宽的知识面和一定的生活体验，都可以提升我们的欣赏能力。

艺术欣赏有客观性和主观性。它的客观性在于，这是真实存在的物体，作品里的章句段落、雕塑的形式、图案的颜色，都为欣赏者指出一种方向，以便他们的欣赏活动在这一领域展开。在这样的领域内，欣赏者的理解有一个极限。比如两个人聆听贝多芬的《英雄交响曲》，可能听后的感受和理解是非常不同的，但是他们其中任何一个，都不会想到要把这段音乐当作婚礼的背景音乐。19世纪作家爱伦坡曾言："任何美的东西一旦达到极致，都会使敏感的灵魂怆然涕下"。

另外，艺术欣赏有主观性。艺术欣赏的主观性在于艺术作品结构中所标明的途径，无论多么严格，欣赏者在自己的知觉中也不会同作者的线路完全相同，而是有自己的线路。艺术形象越复杂，各种人物的性格在他们行动和状态的长镜头组合中展示得越多样，欣赏者的理解和评价所发生的变化就越不可避免，越巨大繁复。

欣赏者的接受是具有主观能动性的，有一千个欣赏者，就有一千个哈姆雷特。艺术作品生命的长短，在某些程度上也取决于欣赏者的接受度。艺术作品的价值和意义不仅是作者赋予的，也是欣赏者欣赏时所增补的。

我们的阅历、思想都会对审美产生影响，但最终目的还是要回到我们的生活，将审美运用于生活。因为人类进行劳动和生产的目的，就是改善自己的生活。

在中国美学看来，我们的世界不仅是物理的世界，而且是有生命的世界，是人生活在其中的世界，是人与自然相融合的世界，是天人合一的世界。在中国哲学和美学中，"真"就是自然，这个自然指的是世界本来的面貌。这个存在的本来面貌是有生命的，是与人类生存和命运紧密相连的，因而充满了自然情趣。这个世界就是中国美学所说的"真"。

米勒的《晚钟》里描绘了一个这样的场景：在暮色苍茫的天空下，有一对衣着朴素的农民夫妇，在田野里站着，都低着头把手放在胸前，身边有一辆手推车和一个盛马铃薯的篮子。远处传来教堂的钟声，他们的脸上露出虔诚肃穆的神色，心怀感激地做着祷告。这幅画所描绘的，正是19世纪法国农村的真实写照。这是法国农民画家米勒描绘出的现实景象和美。艺术能够将这种瞬间的美定格在画作上，并且经久不衰。

米勒描绘的是生活中的现实美，真实的美。所谓"现实美"，即现实中美的事物。现实美可以分为两大类：自然美与社会美。自然美是指自然界中存在的美，即自然事物的美；社会美是指人类社会关系中的美，即社会事物的美。至于人的美，则既有自然美的一面，又有社会美的一面，人的美貌属于自然美，而美德就属于社会美。

现实中客观存在着大量美的事物，这是人们凭一般常识都能看到的。例如，在自然界中，既有高山飞瀑、日月云霞、江河大海、风雨飞雪等美的自然现象，又有狮虎奔马、雄鹰孔雀、金鱼蝴蝶、猫狗莺燕等美的动物，还有苍松翠柏、梅菊牡丹、劲竹幽兰、芙蓉葵花等美的植物。

在社会关系中，既有体现人类进步的各类重大历史事件和社会事件，又有表现人与人之间和谐的友爱关系、亲情关系、劳作关系的各种行为和情境，更有品格高尚、具有美德和善行、受人崇敬的众多人物。所有这些现实中客观存在的美的现象、美的事物和美的人物，都是历代艺术家们所乐于选取的文学、戏剧、绘画、雕刻、摄影等艺术形式的题材。

自然事物发展到最高阶段的美就是人体的美，人体的完整性最强、最和谐、最富有秩序，个体性也最为显著。以直观的视觉形式反映人体美，并且通过反映人体的美表现创作主体对人类社会生活的审美认识、审美评价和审美理想，也是美术长于文学、音乐等其他艺术形式的特点和优点。所以，反映人体美的绘画和雕刻，在西方美术史上占据了非常重要的位置。至于那些反映人的精神性格美和社会关系美的小说、史诗、戏剧、历史画和风俗画等，则构成了人类文学艺术发展史的主流。

现实美，特别是自然美，是人们在实际生活中的主要审美对象之一。但人们并不满足于此，还有更高的精神要求和审美要求。

所谓美是真，是美与物的关系的一部分，而不是全部。以艺术作品为例，艺术不仅可以反映现实美，而且可以创造美，并且还可以通过主观能动性把现实中原本不美的事物转化为美的事物。

艺术作品中的创造，是创作者通过主体再加工进行的审美创造。现实中虽然存在着大量美的现象、美的事物和美的人物，但它们的美并不总是在任何条件下都能鲜明地显现出来，往往比较分散，不那么集中，不那么充分。比如丛竹，它一般在整体上是美的，否则不会成为人们的审美对象，但它往往枝节过多，过于茂密，它的形态美不如在画中那么明显，那么充分。又如太阳，它并不是随时随地都能成为人们的审美对象的，大概不会有什么人用眼睛直接去欣赏正午的烈日，只有在清晨或傍晚，当它以最为鲜明的形式和色彩充分显现出它的美的时候，才会成为人们乐于欣赏的审美对象。

比起现实美来，艺术作品中的美则比较鲜明，比较集中，比较完整，比较充分。

而创造的人生，就是一个人的生命力和创造力充分发挥的过程。这样的人生充满了价值和意义。古人说“生生不息”，就是生而又生，创造再创造。

创造力是人生经验和思考的总结，人在审美过程中，总是追求着生命力和新鲜感。我们可以举一个例子来说明美和创造的关系。

丰子恺的画作《大树被斩伐》(见图10-1)，画面上是一棵根部巨大的树，被拦腰砍断。但是被砍断的大树抽出很多枝条，枝条上萌发出新芽。树旁站着一位小姑娘，正把这棵大树指给她的小弟弟看。画的右上方题了一首诗：“大树被斩伐，生机并不绝，春来怒抽条，气象何蓬勃！”这幅画正是对生命力、创造力很好的写照。

人作为审美主体，能够发挥主观能动性改造并创造出新的审美对象，而新的审美对象又会反作用于人，相互影响，创造更丰富的世界。

图10-1 丰子恺《大树被斩伐》

探索美

1. 利用网络收集不同国家不同时代的艺术作品，每隔一天观察一次，并向同学说说感受的变化。

2. 以4人为一小组，向小组内其他成员介绍自己最喜欢的历史人物，说说他们身上发生的与美学相关的故事。组员将故事带入自己的日常生活并写出感想。

思享汇

《父亲》（见图10-2）是当代画家罗中立于1980年创作完成的油画。

图10-2 罗中立《父亲》

二十世纪七八十年代，人们的价值观念发生了较大的变化，主体意识开始觉醒，具体反映到艺术上是艺术的表现意识深化，这就形成了一个良好的客观环境。艺术家开始对周围的琐事及普通人民产生浓厚的兴趣。罗中立基于在大巴山的生活体验，以及与农民结下的深厚感情创作了这幅作品。他将艺术熔铸于思想感情之中，深刻地表现出中国农民的力量和希望。

《父亲》属于大尺幅超写实肖像油画。画面中的老农，枯黑、干瘦的脸上布满了深深的皱纹，深陷的眼睛流露出凄楚、迷茫又恳切的目光，干裂的嘴唇似乎已被风干许久，门牙早已脱落的嘴里不知饱尝过多少酸、甜、苦、辣，受伤的大手捧着一个脏脏的粗瓷碗准备喝水。站在这幅画前，我们能感受到他奔流的血液、凄苦的眼神。一个面朝黄土背朝天、勤劳、坚强的鲜活农民形象一下子刻入脑海。此画作以浓重的油彩和微妙细腻的笔法塑造出一个情真意切、勤劳朴实的普通农民形象，体现的是农民外在的质朴美和内在的高尚美。